めぐりながれるものの人類学

石井美保

青土社

目次

めぐりながれるものの人類学

まえがき

満月の夜。ところどころ電飾に照らしだされたほの暗い社の境内で、年老いた祭主は儀礼のはじまりを待っている。背筋をまっすぐに伸ばして、白い布を巻きつけた頭はまんじりともしない。

ゆっくりと、月が天頂にのぼっていく。夜気がひんやりと肌をさす。

長いながいあいだ、花々に埋もれて銀色に輝く祭壇と、祭主の後ろ姿を見つめながら待ちつづけるうちに、燐光を帯びたなにか、待ち受けているものの予兆のようなものが、ひたひたと境内に満ちてくるような気がする。

薄闇に溶けこみながら、ともに待ちつづけることを通して、そのとき私はこの土地の人びととまだ見ぬ神霊たちとの交感からなる世界の片隅に紛れこんでいた。神霊のあらわれを、ただ待ちのぞむ。その時間が、たぶんそのときかぎりの、まぼろしのような〈わたし‐たち〉をつくりだしていた。

長期のフィールドワークのあいだ、生活の中心を占めていることは何かと問われたら、「待つこと、そして聴くこと」とこたえるだろう。

なぜいま私はここにいて、この人たちと一緒に過ごしているんだろう。

慣れ親しんだ日常の中でもふと感じることがあるかもしれないその不思議さを、フィールドワークという行為は、よりはっきりと浮かびあがらせる。

自分がここにあることの、まったき偶然性。

私という者がいなくなっても、変わりなく流れていく日常。

それでも私がそこにいることで、このひとときの出来事が、人びとの経験や感情や記憶のかけらが思いかえされ、語りだされ、伝えられていくということの不思議。

そうしたものたちをただひたすらに待ち、息を潜めて聴きとり、自分の中にゆっくりと浸透させ、ことばに変えてゆくこと。

ときどき私は、人類学者とは霊媒のようなものかもしれないと思う。それとも何かがそこで出会い、通過していく場所のようなものかもしれないと。そうしたことが可能になるのは、でも私という存在が透明なものだからではなくて、聴く者としてそこにいることを許され、受けとめられているからだ。

そうやってみずからを受けとられ、また他なるものを受けとることを通して、他者たちの声や気配を宿した〈わたし〉が形成されていく。めぐりながれるものたちとの関係性のなかで、〈わたし〉はそのつど生まれなおし、かたちづくられていく。偶有的であるからこそかけがえのない、それはつながりであり、〈わたし〉のかたちでもある。

私にとって人類学的なフィールドワークはだから、自分の身体を通して誰かれの声が響きあっているような、それぞれの思いや記憶やことばがときに沈殿し、ときに通り抜けてゆくような、そうしていつのまにか自分自身もどこか遠くへ運び去られているような、そうした経験である。

私の中にのこされた残像のような景色や面影、旋律のような音や声。

この本に収められた二七の章たちは、そうした浮遊するものたちが、人類学的な思考やイメージと絡まりあって生まれてきたものだ。その絡まりあいや結びつき方は私にとってさえときに思いがけなく、即興性を帯びている。それらはだから、学術的な論考や民族誌であるというよりも、気まぐれな随想であり、詩のようなことばであり、どこか民話のようであるかもしれない。

足の赴くままに、さまようように歩をすすめて、はじめて見る、でもいつか見たような景色に出会う。そんなささやかな道行きに、ひとときなりともお付き合いいただけたなら、とても嬉しい。

I

「人」からの遊離

夜に村はずれを歩くと、草叢から蛍がいくつも舞いでて闇に光の尾をひく。灌木のそばを通りすぎるとき、ひときわ虫の声が高くなる。虫の声というよりも、空間を震わせる音波のようだ。幾重にも鳴り響く同型の音の波に身体が満たされ、一瞬だけ別の時空間に紛れこんだかのような、奇妙な心地がする。その場所を通りすぎると、耳を聾する虫の声は静まり、いつもの穏やかな闇が戻ってくる。

これはガーナの村で暮らしていた頃のことだが、こんな風に、人間ならざるものの音にとりまかれて、ふだんの生活世界から切り離されるような経験を、野に出てゆく人はたびたび味わっているのではないだろうか。

ケニアの牧畜民の間で長らく調査をしてきた人類学者の河合香吏は、放牧地の蟬時雨について、こんなふうに書いている。なじみ深い生活の場である屋敷地を離れて、牧童はひとり野に出て牛や山羊を追う。アカシアの叢林で家畜が草を食んでいるあいだ、彼は木陰に座ってただ待っている。そのとき、スコールのように降り注ぐ圧倒的な蟬の声が牧童をとりまき、周囲から彼を孤絶させる。

「リイヨが食う」——このことを、現地の人たちはそう表現するという。リイヨとは、彼らのことばで「蟬」や「耳鳴り」、そして「ひとりであること」を意味する。リイヨに食われるものは、一体何なのだろうか。それはたぶん、牧童のふだんの心持ち、人としての自我や輪郭といったものかもしれない。「リイヨが食う」。それは外部から人の身体に浸透し、人の知性や感情の座を脅かす何ものかであるらしい、と河合は書いている。

そしてまた、ヒマーラヤの山あいの村で調査をしていた若い友人は、自分の経験をこんな風に語っていた。岩山に囲まれた高地の村は、いつも強風に晒されている。人の生活圏から少しでも離れると、ごうごうという風の音しか聞こえない。夜ともなると、生きているものの気配は皆無だ。彼女はその圧倒的な沈黙と寄る辺なさに耐えかねて、床に就くときに自分の鼓動の音を確かめていたそうだ。

「高山の景色はすべて孤独を表している。だから寂しくなる。気をつけなさい」

この土地出身の学者から、彼女はそんな忠告を受けた。ただ「寂しい」というのではない。激しい蟬時雨の中で茫然とする牧童のように、吹きすさぶ風の中に取り残されて正気を失うことへの恐れと気遣いが、この言葉には含まれている。

シベリアの狩猟民についての民族誌を著したレーン・ウィラースレフは、彼らが原野にありながら、どのようにして「人」でありつづけようとしているかについて考察している。獲物を仕留めるために、狩人は動物のふるまいを模倣しつつ相手に近づく。動物のまなざしになりかわり、その息遣いを身につけることで、狩人は獲物を捕えることができるのだ。だがそれは、彼にとって危険な行為でもある。完璧に動物になりかわることは、人としての自分を見失うことを意味するからだ。二度と戻ってはこられない変身を遂げてしまわないために、原野にあっても人としての自分を保っていられるように、狩人たちは野営地で人間の言葉を取り戻し、仲間たちと語りあう。

原野にいる狩人が「人」としての自分を見失いそうになるのは、ただ動物になりかわるという行為のせいだけではおそらくないだろう。荒涼として雪に覆われた大地の上を、たった一人で延々と歩きつづけること。原野の片隅で、獲物をじっと待ちつづけること。そうした時間を過ごす中で、自分の魂がだんだんと「人」としての在りようから離れていきそうになるとき、細い糸を辿るように野営地に帰りつき、他人の声を聞くことでやっと「人心地がつく」のだ。

野に出て生きる人びとにとって、そうした侵食や変身は現実的な危険であり、重苦しい不安でもある。フィールドワークを通して人類学者が感じとってきた牧童や狩人たちの不安とおそらくは同種のものを、二十世紀の初頭、ケニアで農園を営んでいたデンマーク人の女性領主もまた、感じとっていた。

彼女の屋敷には、カマンテというキクユ人の少年が働いていた。あるとき、彼女はカマンテに、『オデッセイ』の物語を話してきかせる。オデッセイが自分のことを「誰でもない」と名乗り、そのおかげで首尾よくポリフェーマスの眼をえぐったことや、雄羊の腹の下に自分の体を縛りつけて脱出したことを。

「その人は『誰でもない』って、自分の言葉ではどういったの？　いってみて」

そう尋ねるカマンテに、「ウーティス」といったの、と彼女は答える。そしてふと、カマンテに次のように問いかけてみる。「あんたが体がわるかったころ、野原で羊の番をしていたころのことをどう思っている？」

落ち着かなげに視線をさまよわせ、「わからない」とつぶやくカマンテに、彼女は問いを重ねる。

「あの時分、こわがっていた？」と、私はきいてみた。しばらく間をおいたあと、カマンテははっきり言った。「そう。野原にいる男の子たちは、みんなときどきこわがるものだ。」

「あんたはなにをこわがっていた？」

カマンテはちょっとのあいだ黙ってから、私の顔を見た、彼の表情は深い落ちつきを見せ、そのまなざしは自分の内面を見つめていた。

「ウーティスを。野原にいる子供たちはウーティスをこわがっている。」

（アイザック・ディネーセン『アフリカの日々』）

野に出てゆく者は、きっといつもこんな風に、人であることの危うさと脆さを身をもって知っている。人の世界から離れ、人としての自分の在りようを手放し、生き延びてまた人の世界に戻ってくること。たとえ戻ってこられたとしても、そのときの景色と感覚はいつまでも身体の底に残り、みずからの境界の脆さを痛みのように感じつづけるのだろう。カマンテのように。「気をつけるんだよ」と若い人類学者に忠告した、ヒマーラヤの学者のように。

自分を超えでる何ものかに浸透され、「人」としての自己から遊離すること。茫漠とした世界の中に束の間の居場所をつくり、つながりの中で「人」でありつづけること。この緊張と不安に満ちた往還の中に、ただ人間であるというのではない、生きものとしての人のすがたがみえてくるように思う。

ウィラースレフ、レーン 二〇一八『ソウル・ハンターズ――シベリア・ユカギールのアニミズムの人類学』奥野克巳・近藤祉秋・古川不可知訳、亜紀書房。
河合香吏 二〇一一「チャムスの蝉時雨――音・環境・身体」『ものの人類学』床呂郁哉・河合香吏編、京都大学学術出版会。
ディネーセン、アイザック 一九八一『アフリカの日々』横山貞子訳、晶文社。
中屋敷千尋 二〇一九『つながりを生きる――北インド・チベット系社会における家族・親族・隣人の民族誌』風響社。

小人との邂逅

庭の隅にある社のスレート屋根が、かすかに、やがて激しく振動しはじめる。耳を聾する激しい振動音がつづいた後、重い物体が屋根に衝突したような「バン！」という音がし、ついでそれが勢いよく床に落下する音がきこえる。社の奥の間を仕切っている白い幕が大きくふくらんで揺れ、中央に下がっている鈴とタカラガイがチリチリチリチリ……と鳴りはじめる。「エエ、エフィア、オピアフォ！」——ナナ・ボアフォがやってきたのだ。

ガーナの村で調査をしていた頃、私は精霊に仕える司祭の家に居候をしていた。司祭のナナ・サチは、精霊だけでなく、「モアティア」と呼ばれる小人たちにも仕えていた。小人はときに司祭の求めに応じて、ときに勝手に、サチの社にやってきた。彼らは気まぐれかつ傍若無人で、来訪のたびに酒や煙草を要求してくる。彼らはまた、昔噺の見事な語り手でもあった。サチの家に滞在していた一年あまりの間に、私は幾度となく白い幕を隔てて、小人の長老ナナ・ボアフォと言葉を交わした。ただし、彼をみることが許されたのは、たったの二度だけである。

にわかには信じられない話にちがいない。何度か文章にしたことはあるが、日本でこうした話をすることはあまりない。奇異に思われることがわかっているからだ。ところが、何かの折に、私が小人に「会った」ことを聞き知った人が、「じつは……」と自分の体験を打ち明けてくれることがある。物理学者のGさんは、山の中で小人をみたという。「いやあ、頭がおかしくなっちゃったかと思いました」。大学院生のYさんも、山道で木の枝に群がっている小人たちを目撃した。かたや人類学者のFさんは、子どもの頃に郷里の池で「河童らしきものをみた」という。

こうした知人たちの語りは一様に、ためらいと戸惑いに満ちている。まさか、でも、ひょっとしたら……。日常がずれて異界の口が開いたような、そうした裂け目を垣間みてしまったことを受けとめかねているのだ。

その感覚は、よくわかる。でもそれは、ガーナの村に住んでいたときの私の感覚とは、少し違ってもいる。村の暮らしの中で、精霊や小人たちは異形の者でありながら社交的であり、妄想というには具体的でありすぎた。彼らの存在は、畑仕事や隣人同士のいざこざやサッカーの試合といった、ありとあらゆる出来事にかかわっており、生活の細部にまで浸透していた。初めのうちこそ、私もナナ・サチのトリックや自分の感覚を疑ったが、そのうちに慣れてしまった。精霊や小人たちは生活の機微と分かちがたく絡みあっているために、彼らだけを「非現実的なもの」として切りとることはおよそ不可能なのである。

フィールドにおける「想像的なもの」と「現実的なもの」のねじれと不分明さに悩んだのは、精霊に魅入られた男の民族誌を著したヴィンセント・クラパンザーノだ。モロッコでの調査中、彼は嫉妬深い女精霊との関係に悩む貧しい瓦職人、トゥハーミの語りに夢中になる。やがて彼は、トゥハーミの語りの中で何を幻想とみなし、何を現実とみなしうるのかという自分自身の前提そのものを問いなおすようになっていく。

かたや、フィールドの現実に身を浸しながら、あくまで近代的常識人としての言葉でそれを描きだしたのはエヴァンズ＝プリチャードである。日常の中に妖術が織りこまれたアザンデ人の世界について、彼はこう述べている。

アザンデの諸概念は、生命のない博物館の陳列品のように並べられたときに矛盾して見えるだけである。個人がそれらを活用しているのをわれわれが見るとき、神秘的ではあるかもしれないが、それらの活用が非論理的であるとか、無批判だとさえも言えない。私はアザンデ人と同じようにそれらを使ってなんの不都合もなかった。（『アザンデ人の世界』）

こんな風にクールに語りながらも、エヴァンズ＝プリチャードの筆致からは、彼が妖術に彩られたアザンデの世界まるごとの中で生き、自分の思考と身体をその世界のモードで躍動させていたことがみてとれる。他方で彼は、アザンデの妖術概念の論理性を、その民族誌の中で見事に説き明かしてもいる。だが、そうした説明可能な論理と、アザンデの世界を成り立たせている妖術の繊細かつ圧倒的な現実感とは、必ずしも同じではない。

人びとが巻きこまれながら生みだしている、なかば所与でありながら偶有的でもある、この「現実」なるもの。その中で、そうであるように生きていくということ。そうした人びとのあり方には、「論理」という堅苦しい用語よりも、sane（正気の）ということばの方がふさわしいように思われる。このことばについて、タラル・アサドはこんな風に書いている。

sane であろうとすることは、みずからをある特別なかたちで世界に結びつけようとすることだ。この概念の前提となっているのは、世界——不変の確実性ではなく蓄積していく蓋然性の世界——を実践的に知っていること、世界によって実践的に知られていることである、と。精霊や小人や妖術が、まぎれもなくその要素をなしているような世界で、他者やものごととつながろうとすること。その関係性の網の目の中で、sane であろうとすること。それは他を受けいれながら、自己のあり方を実践的に調律していくことだ。

ひるがえって日本では、小人との出会いがそんな風に、自分と世界との関係性の調整や変容に結びつくことは滅多にない。だから人は、普段どおりの正気さを保つために、「頭がおかしくなっちゃったのかな……」と独りごちるしかないのだ。

それでも、日常の切れ間の不可思議な出会いを、さらりと受けとめる人もいる。

サルの腰掛けの上に変なジイサンだかバアサンだかわからないモノがいた。ちっぽけな躰だからキンキラ声だ。白髪が身長よりも長く顔がよく見えなかった。脚は鳥みたい。それが私に向かってカン高く吠えた。

——この木はウンムウ　わが名はワッピー　汝はケケモハシであるぞ！「……」

私は自分がケケモハシであるのかとビックリ仰天し、ドギマギした。

蒼然たるたそがれの中に変なものは消えたが、いままでに見たこともない大きなサルの腰掛けはちゃんとそこに生えていた。(辻まこと『あてのない絵はがき』)

親を殺され、海外に暮らし、戦地を歩き、山々をめぐった洒脱な漂泊者はたぶんもうずっと長いこと、正気も狂気も併せ呑んだ、一筋縄ではいかない「現実」の深みをみていたのだろう。「まあそんなこともあるか」。こともなげな声が聞こえてきそうだ。


アサド、タラル 二〇〇六『世俗の形成——キリスト教、イスラム、近代』中村圭志訳、みすず書房。

エヴァンズ＝プリチャード、E・E 二〇〇一『アザンデ人の世界——妖術・託宣・呪術』向井元子訳、みすず書房。

クラパンザーノ、ヴィンセント 一九九一『精霊と結婚した男——モロッコ人トゥハーミの肖像』大塚和夫・渡部重行訳、紀伊國屋書店。

辻まこと 一九九五『あてのない絵はがき』小学館。

水をめぐるはなし

『世界の果ての通学路』という映画には、辺境と呼ばれるようなさまざまな土地で、学校に通うために長い道のりをゆく子どもたちの姿が描きだされている。この映画の冒頭は、土を掘る少年の両手から始まる。何度も土を掻き出していくと、土の底に水が滲み出てくる。その水を容器に移して、少年はごくごくと飲む。

二十代のはじめにタンザニアで調査をしていた頃、それと同じ光景をみたことがある。都市に出稼ぎに来ていた若い友人の故郷、皆が「ブッシュ」と呼ぶ高地に連れて行ってもらったときのことだ。見渡すかぎり、褐色の大地に丈の低い灌木が点在するばかりの平原。友人の家は、木の枝で屋根を葺いた土壁の小さな平屋だった。年とったお父さんと盲目のお母さん、お兄さん夫婦とまだ幼い妹が一緒に暮している。その家に、一週間ほどお世話になった。あるとき、お兄さんの妻と一緒に水汲みに出かけた。彼女はバケツを頭に載せ、私は空のペットボトルを抱えて平原を歩いていく。かなり歩いたところで、彼女はふと立ち止まり、足元の土を手で掘りはじめた。しばらく掘りすすめると、濁った水が浸みだしてくる。もっと掘ると、透明度が増してくる。ようやく溜まった水をバケツに汲み入れ、頭に載せて家まで戻る。私は水の入ったペットボトルを抱え、少し悄然とした気分で後につづいた。バケツ一杯の水を汲むのに、毎日これほどの道のりを歩いていたのか……それで一家の生活用水のほとんどをまかなっているのだ。

そのつぎに長く暮らしたガーナの村では、ＪＩＣＡが設置したという手押しポンプの井戸が主な水源だった。コンクリートの土台に据えつけられたポンプの柄を押すと、蛇口から水がほとばしり出る。井戸の周りは、水汲みにきた女性や子どもたちでいつも賑わっていた。バケツやたらいを脇に置いて、順番を待ちながらのおしゃべりに手遊び歌。井戸端は、笑いや歓声の絶えない村の社交場だった。

人類学と科学技術社会論の研究者であるマリアンネ・デ゠ラートとアネマリー・モルは、ジンバブエの手押しポンプ、通称「ブッシュ・ポンプ」について書いている。このポンプの強みは、その順応性の高さだ。比較的シンプルな構造をしているので、必要に応じて現地の人が修理したり、改造したりすることができる。そうしてポンプがその土地に馴染んでいく一方で、ポンプの設置や整備に関わることを通して、ポンプを中心とした人びとの共同性が立ち現れてくるという。こんな風に、高い順応性をもちながらフレキシブルに変化し、人びとを惹きつけるブッシュ・ポンプのことを、モルたちは「流体的なテクノロジー」と呼んでいる。

でもたぶん、それは簡単なことではない。ガーナのジャイカ・ポンプはブッシュ・ポンプに比べて非流体的だったのか、それとも村人たちのスキルが足りなかったのかはわからないが、村にあったポンプの場合、故障すると村の誰にも修理ができなかった。水の供給はたちまちにして止まり、子どもたちはバケツを頭に載せて、近くの小川まで水を汲みにいく。それでも手に入る水はわずかだ。そんなときはなすすべもなく、ポンプの復旧を祈るように待つしかなかった。

この村からほど近い町には、水道が普及していた。だが、じつはこれが一番厄介で、水を供給するシステムが停電で停止すると、水道水も止まってしまう。送電が再開されてもすぐに水が出てくるわけではないので、ときには何日間も断水がつづく。近くに川や池もない。町に滞在しているときに断水に出くわすと、大きなポリタンクに溜めた水を少しずつ使って日々をしのいだ。
つるべ式井戸、手押しポンプ式井戸、電動式の井戸、そして水道。インフラが整備されて大規模化するほどに、そのシステムは自分の手を離れていく。そして、システムがストップしたときの困難は増大していく。とりわけ水に関して、それは切実な問題だ。

友人の祖母の家にあった大きな井戸は、そうした意味で安心できる存在だった。友人は、ガーナの東端にあるヴォルタ州の出身だ。彼の祖母の家は海辺に近く、砂地の裏庭には大きなマンゴーの樹がゆったりと枝葉を広げている。その一角に、石造りの古い井戸が水を湛えていた。覗きこむと、底の方に暗い水がちらちらと光っている。友人は紐の付いたバケツをざぶんと水中深くに投げ入れ、満杯になったバケツを引き揚げる。簡単そうにみえるが、自分でやってみるとこれがなかなかうまくいかない。投げこむときの角度と力の加減によるのか、バケツは水面を滑るばかりで、十分な深さまで潜ってくれないのだ。

水を汲むためには、こんな風に身体化された技がいる。思えばこれまでに長く暮らしたどの土地でも、水源から水を汲んで運ぶことは、現地の人たちにとって一番といってよいほどに基本的で、生命の維持に直結した重要な身体技法だった。

今は亡き祖父母の家にも、ふたつの井戸があった。ひとつは土間のそばに、もうひとつは裏の畑に。もう枯れて久しいそれらの井戸が、光る水を湛えているところを想像してみる。ヴォルタ州の家の裏庭にあった、古い井戸のように。そうしたら私はきっと今度こそ、上手につるべを使う技を身につけよう。井戸が枯れないようにお世話をしよう。それは、何とはなしに心安らぐ空想だ。

地中深くとつながり、遠いところから長い時間をかけてやってきた水が、この裏庭にあるということ。それは、この蛇口から出る水が上下水道を通って循環していることを想像するのとは別な、壮大でありながらもどこか親密な時空間のあり方を想起させる。水がやってくる時空間の遥かさと、その偶有性。

ベラルーシの村を舞台にした映画『アレクセイと泉』もまた、水にまつわる物語だ。チェルノブイリの原発事故で被災した村には、五十五人の老人とひとりの青年が暮らしつづけている。彼らの暮らしを支えているのは、小さな泉。森の茸から放射性物質が検出されても、泉の水は清浄なままだ。長い年月をかけて地中に浸みこみ、ゆっくりと湧き出てくる水。その泉の前で、人びとは祈りを捧げる。

水がやってくる時空間の遥かさと、その偶有性。生命そのもののような水がただそこにあるということ、その循環が続いているということが、ふと奇跡のように、祝福のように思われてくる。

de Laet, Marianne and Mol, Annemarie 2000 The Zimbabwe Bush Pump: Mechanics of a Fluid Technology. *Social Studies of Science* 30 (2) : 225-263.

循環するモノ

ときどき、近所の下鴨神社に散歩に行く。ひんやりとした静けさに満ちた糺《ただす》の森を抜け、境内をぶらつき、近くの団子屋で一服してから家に帰るのがいつものコースだ。あるとき、参道を抜けて鳥居をくぐろうとしたとき、そのたもとに白い石が積み上げてあるのが目にとまった。「お白石持神事」という幟が立ち、そばには白い装束に身を包んだおじさんが立っている。聞くと、二十一年に一度の式年遷宮に合わせて、本殿の御垣内に敷き詰めてある石を敷き詰めなおすのだという。

そこに積み上げてある石の山が、すでにお祓いを済ませて御垣内に戻されるべき「御白石」であり、五百円の初穂料を納めると、自分が運びたい石を一個選ぶことができる。一度はなんとなく通りすぎてしまったが、思いなおしてこの行事に参加してみることにした。五百円玉と引き換えに手渡された手ぬぐいで石を包み、楼門をくぐる。御手洗池のほとりで石を洗い、本殿の傍らに設置された桶に石を納める。「これだけ?」と拍子抜けするほどのシンプルな行程である。

だがそのうち、この簡潔さこそが興味深いものに思われてきた。石を持って運ぶだけというこの神事は、じつは聖なるモノのミニマムな循環システムを形成しているのではないか。そんな風に思ったのは、石の奉納を終えて、記念の「御白砂」を受けとったときのことである。白い砂の入った包みの裏にはこうあった。

「この御砂は、神々の降臨を仰ぐ磐座として御本殿の御垣内に敷き詰められました御白石と同じ御砂で、此の度のご奉仕に際して特別にお頒するものです。[……]神々の御稜威の込められた尊い御砂として丁重にお扱い下さい」

御垣内に敷き詰められる御白石と、境内から持ちだされる御白砂。これらは同じものであるという。こうした石の去来について、私は何をしたのだろうか。

アルフレッド・ジェルは、呪物をはじめとするモノのエイジェンシーについて考察する中で、古代タヒチのオロ信仰を取り上げている。ジェルが注目したのは、トッオと呼ばれる聖なるモノの「皮を脱がせる」儀礼である。神々を具現するトッオは通常、それを見た者を死に至らしめるほどに強い力をもつものとして厳重に包まれ、人目から隠されている。トッオを包む外皮の中でも重要なものは、赤い鳥の羽根である。トッオの「皮を脱がせる」儀礼では、低位の司祭から高位の司祭へと、トッオを包む新しい羽根が受け渡されていく。同時に、もっとも主要なトッオから低位のそれへと、古い羽根が受け渡される。こうして皮を脱がされたトッオは、儀礼の最後に再び厳重に包みこまれる。この儀礼では、自然の豊饒力を秘めた新しい羽根と、トッオに接触することでオロ神の「聖なる抜け殻」となった古い羽根の交換が達成されている。神の聖なる力を分有する羽根は、トッオの皮を脱がせることで現世に連れてこられたオロ神とともに「死に」、神の抜け殻として司祭と首長の間で分配される。オロ神は再び包まれることで黄泉へと送り返されるが、その力は聖なる抜け殻として残されたのである。

こうした聖なるモノの交換過程は、じつは多くの儀礼にみられるものだ。私が調査をしてきた南インドの神霊祭祀では、年に一度の儀礼の折に、村人たちから神霊に供物が捧げられる。村人が育てたみずみずしい作物は、育て手との結びつきを保ったまま神霊の領域へと送りこまれ、神霊の祝福を受けた後、その一部がお下がりとして分配される。それは、新たな生命力を送りこむことによる祭祀全体の活性化であると同時に、神霊の聖なる力を人びとが分有する過程でもある。
このとき村人たちは、「自分のもの」である作物と引き換えに、まったく別の聖なるモノを取得しているわけではない。循環しているのは同じものなのだ。それは作物を育てた「私」の痕跡をとどめながら聖なる領域に入りこみ、聖なるものの痕跡をとどめながら再び日常の領域に戻ってくる。このやりとりを通して循環しているのは、したがって聖なる力であり、「私」自身でもある。

こうした循環の重層性を、ニューギニアで調査を行った深田淳太郎の報告は鮮やかに示している。彼の調査地であるトーライ社会では、「タブ」と呼ばれる貝貨が流通している。それは日常的な売買に使われるばかりではない。トーライの男性は、タブを集めて数珠状につなぎ、それを何本も束ねて巨大な円環にした「ロロイ」を作ることに人生を賭けている。ロロイはその作り手の力をあらわすだけでなく、それ自体が神秘的な力をもつとされる。彼が生涯をかけて作りあげたロロイはしかし、その葬儀の際にあっけなく分解され、参列者たちにばらまかれる。

個人によるロロイの所有という観点からすれば、悲劇的な結末であるに違いない。だが、聖なるモノの流通という観点からみると、それはロロイに籠められた力と作り手の人格の解放としてみえてくる。このとき人びとの間で分配され、再び流通していくのはロロイの聖なる力であり、それを作りだした「私」でもある。

さて、それでは、私はこの神事でいったい何をしたのだろうか。お金を払って一個の石を運ぶ権利を手に入れ、さらに手ぬぐいと白い砂を獲得した。明らかに、それとは異なることがなされている。私は奉納金と引き換えに石を受けとり、それを洗い清めることで石と私を結びつけた（私の手の中の生命力に満ちた一枚の赤い羽根）。私はその石を、すでに同じ石で一杯になった桶の上にそっと載せた（トッオを再び包みこむ集合的な赤い羽根）。そして私は、白い石と同じ白い砂を受けとった（高位のトッオから降りてくる聖性を帯びた古い羽根）。こうして私は、石と結びついた私の一部を境内に残す一方で、聖なる石の一部を分有することになった。

いずれまた、これらの石は誰かの手で運びだされ、清められた後に運びこまれることだろう。そうして循環していくのは聖なる力であり、石とふれあった無数の「私」の断片でもある。そこには所有の永続性も、「私」の絶対性もない。あるのは融合と分有、循環と更新の反復だけだ。そして、このいたってミニマムな循環と更新のシステムは、この神社の聖性の循環と更新、さらにはこの神々に護られた領域に生きるものみなの生命の循環と更新とも連動しているのだ、たぶん……。

境内を出て、いつもの団子屋で御手洗団子を食べながらそんなことを考えていると、フラクタルな万華鏡を覗きみたときのような、茫然とした心地がした。

深田淳太郎 二〇一一「使えない貨幣と人の死」『現実批判の人類学——新世代のエスノグラフィへ』春日直樹編、二二五—二四五頁、世界思想社。
Gell, Alfred 1998 *Art and Agency: An Anthropological Theory*. Oxford: Oxford University Press.

道の誘惑

精霊の司祭であるナナ・サチと一緒に、ガーナ南部の村から北部州のサバンナ地域まで、長距離バスを乗り継いで旅したことがある。サチが祭祀していた精霊の依り代はもともと北部州の社から譲り受けたものなので、その起源の地で儀礼を行うために出かけたのだ。その滞在中に、死霊が徘徊する音をきいた。

昼間の熱暑がようやく鎮まった夕方のひととき。私は村の子どもたちと一緒に、村外れにある巨木の枝に腰掛けていた。梢の葉叢にコウモリが何匹もぶら下がっている。だんだんと日が暮れてくる。赤いまるい、ぺったりとした夕日。

子どもたちは口々に、もう家に帰ろう、という。訊くと、数日前に亡くなった「パパ」が哭きながらやって来る、それを見たらば死んでしまうのだという。

——それはカミサマなの？「ううん、カミサマじゃなくて幽霊なの」

子どもたちは、木の上で一心に耳を澄ませてなにかを聴きとろうとしている。犬みたいに哭くんだ、こんなふうに……。一人の子が哭き真似をしてみせる。

——それは獣なの？「ううん、ちがう」

その夜。ふと目をさますと、土壁の外から奇妙な声がきこえてくる。

キャイーン……キャイーン……キャイーン……

まるで犬が悲鳴をあげているような、長く尾をひく声。哭き声は次第にこちらへ近づいてくる。しばらく聞き耳を立てていたが、思いきってそっと寝床を抜けだした。表に出ようとすると、戸口で寝ていた少年が気づいて、待て、行っちゃだめだ！　と厳しく制止される。声はすぐそこまで来ている。外は漆黒の深い闇。

寝床に横たわってじっと耳を澄ます。哭き声は遠ざかってしまった……死霊は行ってしまった。うとうとしかけた頃に、またあの音が近づいてくる。死霊は村を徘徊しているようだ。

注意して聴いていると、何かを空中で振りまわしているような音がきこえる。風を切って旋回する音、次第に高まる唸り、そしてあの声。シュルシュルシュルシュル……ヒュン、ヒュン、ヒュン……キャイーン、キャイーン、キャイーン……

今でも時折、あの奇妙な声を思いだす。たぶん、誰かが唸り板のような道具を使って音を出しながら歩きまわっていたのだろう。でもあの夜、それは確かに生者の世界に響く死者の声にほかならなかった。近づいては遠ざかる声を聴きながら、私は死者の通ってゆく道のりを感じとっていた。あの声が、ゆっくりと旋回しながら此岸を離れ、徐々に彼岸へ向かっていく死者の道をつくりだしていたのだ。

何かを招き入れ、あるいは送りだすために道をあけること。それは、物理的に道があるということとは違って、「何かが通る」という出来事をもたらす行為だ。

祖母の葬儀が営まれた日のことを思いだす。その夜、いつもは日暮れに閉める表の門が、一晩中大きく開け放たれていた。死者の魂を送りだすためだったろうか。夜空に雲が流れ、闇に向かって開いた門はどこか不穏で、何かを待っているようだった。

アイヌ民族の狩人である姉崎等さんは、狩猟で山に入るときに泊まってはいけない場所はどこかと問われ、あらゆる動物が歩くケモノ道になる「山落ち」は避ける、と答えている。その道に来る獲物を待ち伏せすることはないのか、と重ねて問われると、彼はこう答える。

——それはないね。悪い神様のいたずらの方が早いから。待ち伏せするより先にこちらがやられてしまいます。

その道を通るものは人なのか、動物なのか、神なのか、魔物なのか。足取りも行き先も異なっていながら、「道を辿る」という行為においてその軌跡は交じりあい、時間差を伴って互いに影響しあう。だからこそきっと、危険なのだろう。

ティム・インゴルドは線《ラインズ》をめぐる著書の中で、南インドのコーラムをとりあげている。コーラムは毎朝、女性の手で戸口の外に描かれる美しい模様だ。複数の点のまわりを何本もの線が流れるようにめぐりながら交錯し、閉じた環を形成する。このコーラムについてインゴルドは、それを「認識の罠」とみるアルフレッド・ジェルの解釈——その迷路のような模様が一体どのようにして作りだされたのかと悪魔を考えこませ、立ち止まらせることで魔除けになるという——を批判しつつ、次のように述べる。コーラムは、解くことのできない思弁的難問で悪魔を思案に暮れさせるものではない。それは、その蜘蛛の巣のような迷宮の中に悪魔を捕えることで魔除けの効果を発揮するのだ、と。

一方で、実際にコーラムを調査したアンナ・レインは、それを魔除けとみなすジェルやインゴルドに異を唱える。コーラムを描く女性たちにとって、それは魔除けのように外から来るものを遮断するものではない。それは吉祥の印であり、その美しさで客人や女神を魅きつけ、家に招き入れるための道標なのである。

確かにコーラムは思索の対象というよりも、躍動的な身体動作の跡であり、その意味で歩行に伴って現れる小径に似ている。同時にそれは、毎朝新しく現れる即興的な罠でもある。誘惑されるのは女神かもしれないし、危険な精霊かもしれない。ともあれ戸口のコーラムは、それに沿って進むことをいざなう通路だ。

何ものかと道を共有し、あるいは互いに避けあい、密かに罠を仕掛けあう。人と人ならざるものはこんな風に道を通して交流し、互いの気配を感じとり、誘惑しあうことができる。だからこそ人にとって、魔物も通るケモノ道は危険だし、死者の声の後をついて行ってはならないのだ。

此道《このみち》や　行人《ゆくひと》なしに　秋の暮《くれ》

南アフリカの作家、ナディン・ゴーディマは、この芭蕉の句の一部を作品のタイトルにした。そこに込められているのはたぶん、孤高の道をただ一人ゆく者の覚悟と寂寥感だ。でも、道を満たす見えないものの気配やひそやかな誘惑を思うとき、このフレーズは別の意味をまといはじめる。道は私の歩みとともに立ち現れてくる動的な流れであり、いまだ見ることのない他者の行為の痕跡であり、予感でもある。その流れに誘われて歩を進めることへの畏れと、静かな高揚感。

そうしていつも、私たちは道に呼ばれて未知の場所へと連れ去られていく。

姉崎等・片山龍峯 二〇一四『クマにあったらどうするか——アイヌ民族最後の狩人 姉崎等』ちくま文庫。

インゴルド、ティム 二〇一四『ラインズ——線の文化史』工藤晋訳、左右社。

ゴーディマ、ナディン 二〇〇一『この道を行く人なしに』福島富士男訳、みすず書房。

Gell, Alfred 1998 *Art and Agency: An Anthropological Theory*. Oxford: Oxford University Press.

Laine, Anna 2009 *In Conversation with the Kolam Practice: Auspiciousness and Artistic Experiences among Women in Tamilnadu, South India*. Doctoral dissertation, University of Gothenburg.

II

異形の者たち

午前零時。満月の夜に始まる儀礼のときを迎えた神霊の社は、華やかな電飾に彩られている。境内の中央に設えられた祭壇の上で、銀の神具が鈍い輝きを放つ。この一刻、儀礼の舞台は水を打ったように静まりかえっている。夜の闇を抜けて神霊がやってくるのを、人びとは息を潜めて待っているのだ。

両性具有の神霊は闇の中から現れ、異形の者として踊る。人びとはその言葉を拝聴し、供物を捧げ、祝福を受けとる。神霊に憑依された霊媒の顔を彩る独特の模様、その背に括りつけられた巨大な光輪、流れるような踊りに合わせて夜気を震わせる音楽。神霊につき従う領主たちの丁重なふるまい、固唾を呑んで見守る人びとのまなざし。こうしたものみなが、神霊を中心とする世界を創りだしている。儀礼の場で放たれる神霊の命令には誰も背くことができず、神霊の審判は人びとの日常を動かす。その圧倒的なリアリティがいま、生みだされている。

異形の者を招き入れ、聖なるものを創りだすことで現実を動かしていく儀礼。そうした儀礼を「他者の文化」として記述してきた人類学者が、自分もまた、そうとは語られないままに現実を動かす強度をもった儀礼の一端を担っていることに気がつくことがある。それはときに、軽いめまいを覚えるような経験である。

地方裁判所で行われたある裁判に列席したときのこと。その法廷では、傍聴席を見下ろすような形で、裁判官と書記官の席が階段状に設えられていた。不意に、傍聴席に座っていた人たちが一斉に起立する。見ると階段席の上部の壁が開いて、その向こうから黒いガウンをまとった裁判官たちの一行が登場したのだった。

一般の通用口ではなく、わざわざ壁から彼らを登場させることには、おそらくセキュリティ上の理由などがあるのだろう。だがこのことは、そうした意図のあるなしにかかわらず、法廷という場の劇場性、あるいは儀礼性を高めている。

そんな光景をみて想起されるのは、言語行為論を下敷きにした儀礼論だ。言語哲学者のJ・L・オースティンは、私たちの発話が単に「事実を述べる」というだけではなく、それ自体が何かをなす「行為」でもあると指摘した。たとえば命令や宣誓は、そうした発話行為のわかりやすい例である。ただし、その言葉が効力をもつためには、ある規約や慣習に従って、適切な場でふさわしい主体によって発話がなされなくてはならない。この議論を受けて人類学者は、非西洋社会における儀礼を行為遂行性《パフォーマティヴィティ》という観点から捉える視座を発展させた。儀礼や呪文を、当の人びとにとっての「事実の陳述」としてみるのではなく、彼らにとって「あるべき現実」を創りだす実践的な行為として理解しようとしたのである。

こうした考え方は、近代合理主義的な見地からは奇妙なものにみえる「他者の儀礼」を説明するためには、きわめて有効なものだった。その一方、たとえば近代的な法廷で、人びとの発話の効力はその儀礼的行為の適切さにかかっていると述べることには、ある種の居心地の悪さがつきまとう。法廷における証言や命令の有効性は、その法的な正しさ、もしくは合理性によって支えられているはずだ。にもかかわらず、それらを「真実」ならしめるためには、その場における儀礼的な力の発動が必要なのである。だからこそ裁判官は、一般人とは異なる「異形の者」として登場する。王のように、あるいは神霊のように。その前提は明言されることのないままに、法廷の構造や人びとのふるまいを通して表現される。壁の隠し扉から登場し、黒衣を身にまとって最上段に鎮座する異形の者に向かって起立する私たちは言外にこう命じられている、「見よ、聴け、異を唱えるな」と。
ジェイムズ・クリフォードは、北米先住民による土地所有訴訟を対象に、判事と弁護団、先住民と人類学者といったさまざまな登場人物によって繰り広げられる裁判の様子を詳述している。この裁判の目的は、クリフォードによれば、土地権問題の解決ではなく、みずからをマシュピー部族と呼ぶ集団が本当にひとつの部族だったのか、しかもそれが、十九世紀中頃に土地を失った部族と同一だったのかを決定することにあった。人類学者のジャック・キャンピシが証言台に立ち、マシュピー族の実体性や儀礼の真正性について答弁しているまさにそのとき、傍聴席にいたクリフォードは、そうした人類学的言説に登場するさまざまな要素が、まるで呼応するかのように法廷の場にも出現していることに気づく。

［……］スキナー判事は興味深げに、キャンピシにクランはどのようにトーテムと関係しているのか尋ねている。イロクォイとアルゴンキン諸社会におけるトーテムの象徴と標章に関する専門的議論がおこなわれている。不意に、私たちのうち数人の目にとまる。連邦法廷の壁面には、ちょうどスキナー判事の頭の上に巨大な鷲がいるのである。（『文化の窮状』）

尋問と証言の応答を通して「真実」を決定する裁判の場で、その判断にかかわる儀礼の真正性が問われているとき、まるで入れ子構造のように、当の法廷の真正性を支えている儀礼的要素が見いだされる。そこではまた、先住民の儀礼について説明する人類学者（キャンピシ）と、裁判という儀礼を観察する人類学者（クリフォード）の立場とが二重写しになっているのだが、両者に共通するのは自分が観察している儀礼からの距離である。だが、もしも証言台に立つ人類学者が、みずからが当事者として立ちまわっている舞台の儀礼性に気づいたとしたら、彼は傍観者の冷静さとは異なるめまいのような感覚をおぼえるのではないだろうか。

「彼ら」の儀礼と「私たち」の法廷。まったく異なる論理や真理の規準をもつはずでありながら、それぞれが空間を分節し、行為を通して現実なるものを創りだす方法は、ときに鏡映しのように似通っている。その相違と相似のめまぐるしい往還が惹き起こす、それはめまいであるかもしれない。そしてまた、自分が思いもよらず、現実を創りかえる力をもった儀礼の一端を担っていることへの。

個々人の思惑を超えた儀礼の強度。それは異形の者をとりまく無言の命令に満ちた世界そのものとして現れ、気づいたときにはすでに私たちはその世界を生きてしまっている。そのことが、一瞬のめまいを惹き起こす。そこでは誰も、傍観者ではいられないのだ。

オースティン、J・L 一九七八『言語と行為』坂本百大訳、大修館書店。

クリフォード、ジェイムズ 二〇〇三『文化の窮状――二十世紀の民族誌、文学、芸術』太田好信・慶田勝彦・清水展・浜本満・古谷嘉章・星埜守之訳、人文書院。

鳥の眼と虫の眼

砂漠に不時着した飛行士が、ひとりぼっちの不思議な少年と出会い、友だちになる。広く読みつがれている『星の王子さま』を書いたサン＝テグジュペリは、職業飛行家だった頃の経験を『人間の土地』という本に綴っている。彼はあるとき、同僚とともにリビアの砂漠に不時着した。飲み水もないまま三日間さまよい歩き、喉の渇きと幻覚に苦しめられ、肉体は限界に近づいていく。そんな極限状況の中で彼は、奇妙な役割の転倒を確信する。

――救援を待っているのは僕らのほうではない。彼方で待っている人たちを助けるために、僕らこそが駆けつけなくてはならないのだ……。

雲の上を旅し、さまざまな土地を往き来する中での僚友や土地の人たちとの交流を描いたサン＝テグジュペリの筆致の底にあるのは、過酷な状況の下で際立つ人間性だ。この本を翻訳した堀口大學は、「生命の犠牲に意義あらしめようとする、人道的ヒロイズムの探求、これがこの書の根本想念をなしている」と書いている。

初めてこの本を読んだのはたしか十三歳の頃で、当時の私はその内容に魅了された。それは、そこに描かれた遠い場所の景色や人びとの暮らしに心惹かれたからだけではなく、そうした理想を体現するような生き方への憧れがあったからだろう。だが大人になってこの本を読み返してみたとき、同じ風景が広がっているのに光の色が異なっているような、かすかな違和感を覚えた。

武装した不帰順族の領土に降り立ち、彼らと交渉する主人公。モール人に捕えられた黒人奴隷を解放する主人公……。この不帰順族とは一体誰のことだろう。人道的ヒロイズムとは、いったい誰の？

文筆家の松村由利子は、ローラ・インガルス・ワイルダーの『大草原の小さな町』をとりあげる中で、幼い頃に憧れていた本の世界が別様にみえてくるときの複雑な思いを吐露している。彼女にとってそれは、物語の中でローラの父さんが楽しんでいた仮装ダンスが、白人が黒人の扮装をして笑い興じる「ミンストレル・ショー」であったことに気づいたときのことだった。

同じくワイルダーによる『大草原の小さな家』には、白人の入植によって先住民が追い立てられていくことへのローラの疑問を、父さんがぴしゃりと封じる場面が出てくる。

「でも、ここはインディアンの国だと思ってたんだけど。インディアンはおこらないかしら、そんな——」

「質問はもうおしまいだよ、ローラ」とうさんはぴしっといいました。「ねなさい」

違う光の下で景色をみるように、こうした場面に昔は気づかなかった何かを感じとってしまうのは、自分の視点が変わったせいだろう。ただ主人公に感情移入するのではなく、物語の隅で、異端者の役割を担わされている人たちに気持ちが向かう。そのとき、同じ絵の中に別の図柄が見えてくるように、物語の別な側面が現れてくる。もしもあの「モール人」が、奴隷が、先住民が、この物語の主人公だったとしたら?

そうやって図像を反転させるように別の見方をとることを教えてくれたのは、エドワード・サイードの『オリエンタリズム』だ。さまざまな文学作品をとりあげながら、彼は西洋《オクシデント》がいかに東洋《オリエント》を一方的にまなざし、表象し、創りあげてきたかを丹念に分析している。この本を読んでしまうと、親しみ深いあの物語も、この絵画も、異なる光の下で別様にみえてくる。描かれなかった陰影と奥行きが現れる。ただそれでも、その物語から失われない人間性というものが、もしありうるのだとしたら。

サン゠テグジュペリは、砂漠で自分を救ってくれた遊牧民についてこう書いている。

［……］ぼくらを救ってくれたきみ、リビアの遊牧民よ［……］きみは〈人間〉だ、だからきみは、同時にあらゆる人間の顔をして、ぼくに現われる。［……］あらゆるぼくの友が、あらゆるぼくの敵が、きみを通ってぼくの方へ向ってくる、ためにぼくには、もはや一人の敵もこの世界に存在しなくなる。

遊牧民はあくまで無言だ。それでも彼は、遭難した者たちに水を与えるという行為を通して、〈人間〉の顔を受けとっている。威厳に満ちた、ひとりの人間の顔を。

子どもの頃に惹かれた本の中には、こんな風に、遠い国ぐにを舞台としたものが少なくなかった。その主人公はでも、いつも英雄だったわけではない。それはつつましい普通の人でもあった。バーバラ・クーニーの『ルピナスさん』は、そんな絵本だ。

幼い頃から遠い国に憧れていたアリス・ランフィアスは、長じて町で働くようになってもその気持ちを忘れられない。真冬に温室でジャスミンの香りをかぎ、熱帯を夢みる。そしてアリスは、本当に南の島に出かけていく。海辺の村で出会った人たちと親しくなり、すばらしいひとときを過ごしたアリスに、村長は贈りものを手渡す。

ゴクラクチョウの絵のかいてあるうつくしい真珠貝で、絵のわきに、「いつまでもわすれません」と、かいてありました。

「わたくしも、いつまでもわすれませんわ」ミス・ランフィアスもいいました。

村長とアリスがお互いにかける言葉は優しく、礼儀正しい。海岸で向かいあうふたりを描いた絵は、穏やかに満ち足りている。アリスはその後も旅をつづけ、さまざまな土地を歩く。征服者としてではなく、つつましい訪問者として。では、世界中の空を巡り、不帰順族の領土に降り立つサン゠テグジュペリは、征服者だったのだろうか？

近年の人類学的なフィールドワークでは、俯瞰的な全体像を示すことよりも、人びとの暮らしや感情の機微に寄り添うような細やかな調査が推奨される。鳥瞰図への批判と虫の眼への接近。それはきっと、ある意味で正しいのだろう。全体を見渡す空からの視線は、神のような支配者の視線に通じる。だがサン＝テグジュペリは、上空からみるともしびについても書いていた。闇の中に浮かぶ小さな燈火たちへの愛情と憧憬。

あのともしびの一つ一つは、見わたすかぎり一面の闇の大海原の中にも、なお人間の心という奇蹟が存在することを示していた。［……］試みなければならないのは、山野のあいだに、ぽつりぽつりと光っているあのともしびたちと、心を通じあうことだ。

調査地を発つ飛行機の窓から眼下を見下ろすとき、不思議な感慨を覚えることがある。遠ざかっていく椰子の木々と家々の屋根、鏡のような水田と蛇行する緑の川。あれはあの人の家、あれは村の社だろうか……あそこで今みんなはしゃべったり笑ったり働いたりしているのだ……瞬く間に雲の下に隠れていく日常。そうして遠ざかっていくものたちを見下ろすとき、不意に懐かしさに胸をつかれる。ついさっきまで一緒にいた、そのことが奇跡のように思われてくる。まるで昇天するときのように。

『ルピナスさん』の主人公であるアリスは、故国に戻ってから病床についた。やがて回復した彼女は、風にのって運ばれ、遠い場所で花を咲かせたルピナスを見て、村のあちこちに花の種を蒔きはじめる。村中を花でいっぱいにしたその種が、あの南洋の島にも届いたところを想像してみる。たとえ二度とその場所を訪れることができなくても、その種が芽吹くことがなくても、小さな種はなにごとかを伝えるだろう。

そんなつつましい便りを、遠ざかっていく誰かに送ることができたらと願う。

クーニー、バーバラ 一九八七『ルピナスさん――小さなおばあさんのお話』掛川恭子訳、ほるぷ出版。

サイード、エドワード・W 一九九三『オリエンタリズム』上・下、板垣雄三・杉田英明監修、今沢紀子訳、平凡社ライブラリー。

サン゠テグジュペリ、アントワーヌ・ド 一九五五『人間の土地』堀口大學訳、新潮文庫。

松村由利子 二〇一六『少年少女のための文学全集があったころ』人文書院。

ワイルダー、ローラ・インガルス 一九七二『大草原の小さな家』恩地三保子訳、福音館書店。

――二〇〇〇『大草原の小さな町』谷口由美子訳、岩波少年文庫。

ふたつの問い

その占い師は、私が暮らしていた村の隣村に住んでいた。「アファ」と呼ばれる卜占を行うクワシ氏はトーゴ出身のエウェ民族で、ふだんは農民として生計を立てている。温和な彼のところには、さまざまな悩みを抱えた人たちがやってきた。親族とのいさかい、恋愛関係のもつれ、仕事の悩み、それに病気。依頼者がやってくると、クワシ氏は自宅のヴェランダにゴザを敷いて座り、木の実の殻をつないで作った札を投げる。この札の表裏の出方をみながら占いを進めていくのだが、八つの札の出方のパターンは全部で二五六通りもあり、それぞれの型に名前と物語がついている。

クワシ氏は、最初に出た札の型が示す寓話的な物語を語りだす。依頼者とのやりとりを通して入り組んだ問題に筋道をつけ、占いによって問題の原因を見極めていく。災難を惹き起こすものとしてしばしば見いだされるのは、身近な他者による邪術だ。原因が推定されると、今度は問題を取り除くための儀礼が行われる。依頼者はアファの社で供犠を捧げ、霊薬を呑み、さまざまな禁忌に従わなくてはならない。

人生にふりかかってくる災厄に対して、人びとはどのような解釈を施し、いかに対処しているのか。これは古くからの人類学的テーマのひとつだ。一九二〇年代後半にスーダンのアザンデ社会で調査を行ったエヴァンズ＝プリチャードは、妖術が不運な出来事に対する独特の説明原理となっていることを見いだした。たとえば、私が穀物小屋の陰で休んでいたときに小屋が倒れ、その下敷きになって怪我をしたとする。小屋が倒壊したのは、シロアリに喰われて支柱が弱っていたからだ。だが、なぜ、この私が小屋の陰にいたまさにその時に小屋が倒壊したのか。通常の論理では説明できないこの「なぜ」という問いに、妖術は答えを与える。それは、妖術のはたらきによるものだと。

妖術は、事象がなぜ人間に危害を加えるかを説明するのであって、どのようにしてそれが起きるかを説明するのではない。（『アザンデの世界』）

「なぜ」と「どのようにして」。以来、このふたつの問いの区別は人類学的な災い研究の基本となった。妖術の論理は、「どのようにして」という物理的な原因－結果論を超えて、二連の因果関係の交叉が「なぜ」起きたのか、という実存的な問いに答える。それは、哲学者の野家啓一が述べるように、物語の効力そのものでもある。

> 理解不可能なものは受容可能なものになったときにはじめて「経験」と呼ばれるに値する。［……］つまり、偶然的なものを何らかの因果連関の中で「関係了解」することによって、それは受容可能な「経験」となるのである。（『物語の哲学』）

じつは、こうした妖術の論理とよく似たことを、南方熊楠が書き残している。仏教的な「因」と「縁」の概念について、南方はつぎのように言う。

> 因はそれなくては果がおこらず。また因異なればそれに伴って果も異なるもの、縁は一因果の継続中に他因果の継続が竄入《ざんにゅう》し来たるもの、それが多少の影響を加うるときは起、［……］故にわれわれは諸多の因果をこの身に継続しおる。縁に至りては一瞬に無数にあう。

それが心のとめよう、体にふれようで事をおこし（起）、それより今まで続けて来たれる因果の行動が、軌道をはずれゆき、またはずれた物が、軌道に復しゆくなり。（『南方熊楠全集』）

複数の因果関係の交叉にかかわるものが「縁」であり、それへの気づきが出来事を生じさせる。一方の妖術論では、因果関係の交叉が「なぜ生じたのか」と問うことを通して、偶然的な事故が「妖術」という必然性を帯びた物語に転換される。アザンデの妖術と、仏教的な因縁の概念。一見遠く離れたこれらの論理に共通しているのは、物理的な因果関係のみならず、その交錯をもたらすものへの関心だろう。縁も妖術も、常人の意志や作為を超えたものだが、人がその作用に気づいてどう動くかによって、のちの展開は変わってくる。偶然と必然と行為の絡みあいが、人の運命をつくりだす。妖術と縁の論理は、物理的な因果論によっては捉えきれない領域への気づきと行為を促すことで、人びとの生を変えていく。そんな風に考えていた。

だが、災厄の渦中にあるアザンデの人びとは、そうした妖術の物語に本当に納得していたのだろうか。彼らの被った理不尽な苦痛は、妖術の物語として語りなおされることで、受容可能な経験へと変換されたのだろうか。非西洋社会の災因論に関心を抱く人類学者たちはしばしば、

「どのようにして」という問いの立て方を科学的な思考の特徴とした上で、それとは次元を異にする「なぜ」という実存的な問いに答える妖術的思考の意味を強調してきた。だがそれはもしかすると、災難や苦悩の只中にある人にとってのこれらふたつの問いの緊張関係を、見過ごすことであったかもしれない。

そう感じたのは、この同じふたつの問いが、人類学的な議論とはまったく異なる文脈において、苦難の当事者の言葉として発せられたときだった。

今から六年前、私の友人は六歳の一人娘を事故で失った。それ以降、裁判や自主検証を通して事故の原因究明にみずから取り組んできた彼女は、こう語っている。

私たちが問いつづける問いはふたつあります。「なぜ、私たちはあの子を失わなければならなかったのか、なぜあの子はいないのか」というWhyの問いと、「どのようにして事故は起きたのか、あの子はどうやって死んでしまったのか」というHowの問いです。Whyの問いに答えはありません。私たちは一生悔いつづけるでしょう。私たちがあの子を守ってやれなかった、生きさせてやれなかった。

でも、Howの問いには答えがあります。事故が「どのようにして」起きたのかということはせめて知りたい。それによって娘の人生を最後まで守ってやりたいと願っています。

「なぜ」という問いに答える物語を受けいれることで、当事者たちが苦難の意味を了解し、窮境を乗り越えていくこと。私たちは、それをどこかで前提としていた。だが、自分よりも大切な誰かを失ったときにわきおこる「なぜ」という問いは、どんな物語によっても答えられることがない。「なぜ」という問いに突き動かされながら、それでもなお彼女は「どのようにして」という地平から問いを投げかけつづけている。万人に納得をもたらす物語へと転化されることで、問うこと自体に終止符を打たれないために。なまなましい痛みの不条理さを忘れ去られないために。

苦悩の当事者にとって、「なぜ」という問いに答えがないのだとすれば、いったい誰が妖術とそこからの回復の物語を紡ぎだしているのだろうか。それは占い師なのか、人類学者なのか、それとも社会であるのか。苦悩からの救済をもたらしうる一方で、「問うな、もうこれ以上」と命じる力を秘めたものが物語であり、「なぜ」への答えなのだろう。

エヴァンズ＝プリチャード、E・E　二〇〇一『アザンデ人の世界——妖術・託宣・呪術』向井元子訳、みすず書房。
野家啓一　二〇〇五『物語の哲学』岩波現代文庫。
南方熊楠　一九七一『南方熊楠全集』第七巻書簡I、平凡社。

科学の詩学へ

北海道に住んでいた学生時代、よくほうぼうの山に出かけた。なかでも印象に残っているのは大雪山系の十勝岳だ。この山は活火山なので、草木の乏しいガレ場が延々とつづく。岩と火山礫に覆われた黒い山肌と、硫黄の匂い。まるで月世界のような不思議な光景に惹かれて、何度も足を運んだ。

その中腹にある白銀荘という山小屋で、雪氷学者の中谷宇吉郎が雪の結晶を観察していたことを知ったのは、つい最近のことだ。彼は北海道大学で雪氷の研究に取り組み、一九三六年、人工的に雪の結晶を作ることに成功する。その功績を讃える「人工雪誕生の地」という碑が北大構内にあることは知っていたが、学生時代には気にとめることもなかった。ところが先日、石川県にある「中谷宇吉郎　雪の科学館」を訪れ、十勝岳に向かう馬橇に乗って破顔一笑している宇吉郎の写真をみて以来、にわかに彼の研究とその生涯への関心が芽生えてきた。なにしろ十勝岳である。

厳寒の中、山小屋のヴェランダで雪の結晶を撮影しつづけたという宇吉郎のみた景色を想像してみる。生きものの淡い影すらない一面の銀世界。暗い空から霏霏として降ってくる粉雪。彼はそうやって雪をみつめながら、森羅万象について考えをめぐらせたに違いない。その宇吉郎が師と仰いだ寺田寅彦は、傑出した物理学者でありながら怪異や化物についても考察し、「不思議」なるものが科学にとってもつ意味を説いた。

「ねえ君、不思議だと思いませんか」。寺田が宇吉郎に問いかけたというこの言葉は、みずからが探究する世界に対する彼らの姿勢を端的にあらわしている。二人はともに、「不思議」の発現の仕方とその理《ことわり》を科学的に解明しようとしたが、それは研究対象を含む世界の、科学による操作や支配を目指したものではなかった。その根底にあったのは、みずからをとりまく世界の変幻自在な現れへの驚嘆と、それを可能にする自然への憧憬であったと思われる。センス・オブ・ワンダーともいいかえられる、「不思議」への感性に富んだ寺田と宇吉郎が、いずれも優れた随筆家であったことは注目に値する。

化物もやはり人間と自然の接触から生れた正嫡子であって、その出入りする世界は一面には宗教の世界であり、また一面には科学の世界である。同時にまた芸術の世界でもある。

（寺田寅彦『怪異考／化物の進化』）

宇吉郎もまた、神秘的な伝承や空想に満ちあふれた少年時代を回想しつつ、そうした日々が、平凡な日常の中に不思議を見いだす感性を育んだと語っている。彼が幼少期をともに過ごした二つ違いの弟である治宇二郎は、長じて文才に秀でた考古学者となった。彼はフランスに留学中、著名な民族学者であるマルセル・モースの講義を受けている。自然科学と人文学、そして芸術のあいだを自在に往き来するかのような中谷兄弟のひとりが、そうした諸領域の交わる場所にあるともいえる民族学に関わっていたことは、偶然ではないように思われる。

こうした中谷兄弟の姿勢と相通じるものとして連想されるのは、南方熊楠の生き方だ。彼は粘菌をはじめとする多種多様な事象について研究し、『ネイチャー』などの学術誌に多くの論文を発表する一方で、夢に導かれて粘菌とめぐりあい、自己と世界のありようをつくりだす「縁」について考えつづけた。寺田も中谷も南方も、科学的研究によって「不思議」の領域を縮減しようとするのではなく、科学的探究の深化にともなって「不思議」への感性をよりいっそう研ぎ澄ませていったようにみえる。自然科学的研究の多くは人間ならざるものを対象とするが、自己との関係性において、それが実験や操作の対象としての客体を超えた存在となることはありうる。たとえば宇吉郎にとっての雪の結晶や南方にとっての粘菌は、対象＝客体であるばかりではなく、あずかり知らぬ縁によって出逢い、自然の潜在力と不思議とを開示してくれるものであった。

こうした自然科学者たちのありようから、「科学の詩学」という言葉が思い浮かぶ。科学的事実の発見と応用を通して世界に対する人間の支配力を増大させていくという、いくぶん平板化された科学のイメージとは異なり、みずからをとりまく不可思議な世界の探究としての自然科学の営みは、世界の独特な現れへの気づきを創造へとつなげていく芸術の営みと共通する側面をもつ。科学の詩学とは、科学的知識とツールによって外的世界と客体をどこまでも支配し操作しようとするのではなく、みずからの研究対象に魅入られ、相手に動かされながら相互的で創造的な関係性を生みだしていくような探究のあり方であるだろう。それはまた、自己と世界との偶有的であり、自由にならない関わり方に気づくことでもある。

そうした探究のあり方は、人間と人間ならざるものとの関係性に目を向け、事物の発揮する力や作用を描いた近年の人類学的研究の見地とも、どこか共鳴しあっている。たとえば、科学人類学の泰斗であるブリュノ・ラトゥールはつぎのように言う。

我々の活動の一つ一つにおいて、我々が製作するものは我々を超える。（『近代の〈物神事実〉崇拝について』）

一方でアルフレッド・ジェルは、芸術家とその作品の関係性について語りながら、精霊の仮面を作りあげたアフリカの彫刻師の言葉を引く。

これはおれのネメ〔精霊〕が心にもたらしたものだ。〔……〕一体どうやって人がそんなものを作れるのか？　おれにできることは恐るべきことだ。〔……〕おれはまるで、子どもを産んだような気がする。

そしてまた、寺田寅彦は言う。

要するにあらゆる化物をいかなる程度まで科学で説明しても化物は決して退散も消滅も

しない。ただ化物の顔貌がだんだんにちがったものとなって現われるだけである。

みずからが作りだしたものに人が畏怖すら覚えるのは、それが自己を超え、人智を超えたものとつながっていることを感受するからだろう。その不思議さは、対象を捕捉することや、破壊することによってさえも完全に雲散霧消することがない。みずからの内と外にある「不思議」を探究の原動力としながら、自己と他なるものとの相互作用を通してみずからをとりまく世界を理解し、独特な仕方で関わろうとすること。科学の詩学という言葉は、そうした流体的で創発的な領野の広がりを予感させる。

いつか十勝岳を歩いているとき、濃い霧にとりまかれたことがあった。霧は刻々とかたちを変えながら流れ、あらゆるものの輪郭を曖昧にしていく。そういえば、宇吉郎の次女である芙二子は、霧の彫刻家と呼ばれる芸術家であった。変幻自在な化物たちと同じく、既存の境界を自在に越えてゆくセンス・オブ・ワンダーは、宇吉郎の通った十勝岳の山肌を霧のように流れ、芙二子の作品にたゆたっているのかもしれない。

高野文子 二〇一四『ドミトリーともきんす』中央公論新社。
寺田寅彦 二〇一二『怪異考／化物の進化——寺田寅彦随筆選集』千葉俊二・細川光洋編、中公文庫。
中谷宇吉郎 一九八八『中谷宇吉郎随筆集』樋口敬二編、岩波文庫。
—— 一九九四『雪』岩波文庫。
—— 二〇一三『科学以前の心』福岡伸一編、河出文庫。
福岡伸一・神田健三・中谷芙二子 二〇一三『中谷宇吉郎の森羅万象帖』ＬＩＸＩＬ出版。
ラトゥール、ブリュノ 二〇一七『近代の〈物神事実〉崇拝について——ならびに「聖像衝突」』荒金直人訳、以文社。
Gell, Alfred 1998 *Art and Agency: An Anthropological Theory*. Oxford: Oxford University Press.

III

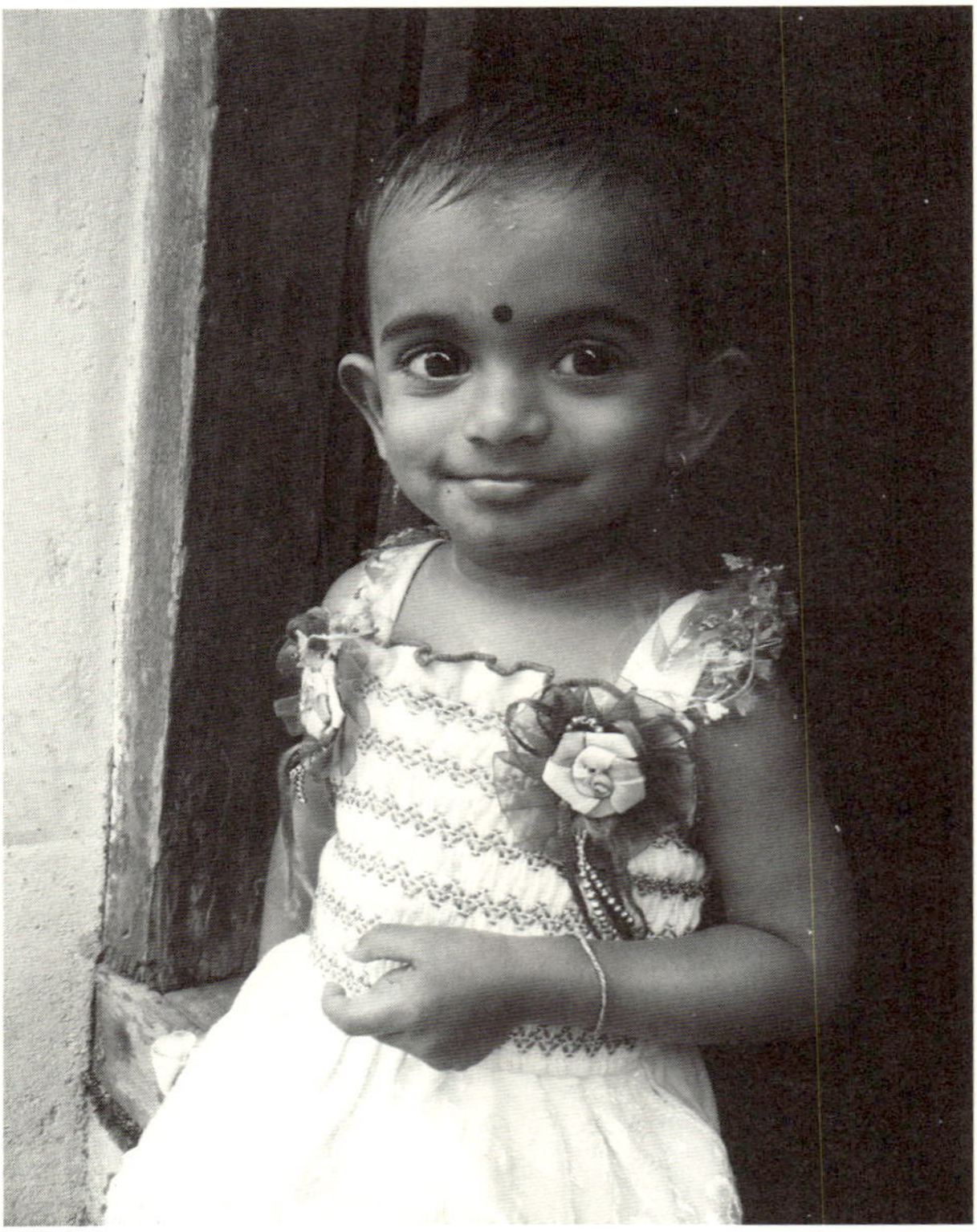

敷居と金槌

調査や旅行で海外に出かけるたびに、ちょっとした緊張を感じるのが出入国審査だ。日本の空港ではたいてい難なくすむが、問題は異国でのそれである。無表情な審査官に見下ろされ、書類と自分の両方をチェックされるあのいっときは、何回経験しても慣れることができない。無事に手続きがすんで審査場を通り抜け、光り輝く免税店のゾーンに足を踏み入れた瞬間の、何とも言いがたい安堵感。そのたびに、敷居、という言葉が頭をよぎる。

なぜパスポート・チェックが怖いのかといえば、それは、そこで出入国を拒否されるという事態を恐れているからだ。そして、その恐れが現実になってしまったことが、これまでの人生で何度かある。

二〇一三年の春。南インドの大都市、ムンバイの空港で、私は出国手続きの長い列に並んでいた。村での調査を無事に終え、その日の夜行便で日本に帰国する予定だった。列はのろのろと進み、やっと私の順番がまわってくる。審査官にパスポートと搭乗券を手渡す。審査官は私の顔とパスポートを見比べ、全ての書類をチェックして、パスポートにポンポンとスタンプを押した。やれやれ、やっと出国できる。そう思った瞬間、彼はパスポートをもう一度じっくりと眺め、私に告げた。

「このビザは、入国後に登録しておく必要がある。なぜ登録をしていないのか？」

このビザは登録申請をする必要はないはずだ、と私は答えた。なぜなら、外務省のウェブサイトにそう書いてあるから、と。審査官は「ちょっと来なさい」と私に合図し、奥にあるガラス張りの事務室につかつかと歩いていく。おとなしく後を追って部屋に入ると、恰幅のいいおじさんが数人、椅子にふんぞり返っている。そのうちの一人が私のパスポートをチェックして、「なぜ登録していないのか」と訊く。私は、登録する必要はないんです、なぜなら……と同じことを答える。

「登録しなければ、出国はできない。ノー・レジストレーション、ノー・フライ」

事務官は冷たく宣言する。途方にくれた私は、外務省のウェブサイトを確認するよう頼むが、あいにく事務室にはパソコンもない。説明をつづけようとする私を遮って、事務官はもういい、あっちに行け、という身振りをする。

必死の懇願も虚しく、私はこの日、インドから出国することができなかった。

思いかえせば、同じように出国審査で引っかかったことが、過去に二度ほどある。一度目は、陸路でタンザニアからケニアに出国しようとしたとき。二度目は、やはり陸路でタンザニアからマラウイに抜けようとしたときだった。いずれのときも私と同行者のビザに多少の問題があり、国境で足止めをくらった。一度目は、真夜中の出入国管理所で、目を血走らせた審査官に叱責された。二度目は、審査官と押し問答をしている間に、乗っていたバスが私の荷物をごろんと落として走り去ってしまった。どちらのときも、絶望的に心細い気持ちになったものだ。

こんなにも、じつは自由なんかではない。ふだんは自分の意志で行動し、どこにでも行けると思っている。だがそれは、厳格に、冷徹に制限された境界の中での自由にすぎないのだ。敷居の存在は、それを思いださせる。

インドの場合、しかも関門は出国審査場だけではない。まず、外から空港の建物に入る際には、銃を担いだ軍人にパスポートと航空券をチェックされる。保安検査場での荷物検査と身体検査のほかに、ターミナル間を移動するシャトルバスに乗る際にも、手荷物検査と身体検査がある。飛行機までの連絡バスに乗る際にもパスポートと搭乗券の確認とともに手荷物検査が済んでいるかをチェックされ、飛行機に乗りこむ直前にも搭乗券とパスポートのチェックがあり……。とにかく機内に到達するまで、およそあらゆる敷居を越えるたびに検査を受けなくてはならないのである。

いったいなぜ、これほどまでにしつこく検査をくりかえすのだろうか。すぐに思いつく理由は、テロ対策である。これは疑う余地がないだろう。その一方で、このきわめて手間のかかる煩雑なチェックのシステムは、出入国の管理という本来の目的を超えて、何か別の意味をもっているように思われてくる。たとえば、行為遂行的な儀礼としての意味を。個人の属性や持ち物や身体を執拗にチェックし、何重もの検査のプロセスを通過させることを通して、末端の役人からトップの官僚までをネットワークで結び、一般の人びとがその管理下にあるような権力システムの姿が遂行的に立ち現れ、想像され、確認されているのではないか。

これは、まだしもわかりやすい権力のあり方である。日本の出入国手続きもそれなりに面倒だが、その体裁は、遂行的に国家の権力をたちあげる儀礼的行為というよりも、その背後にあるはずの統治と管理の周到なシステムを覆い隠す方向に発展しているようにみえる。たとえば、来日外国人が入国審査時に課される指紋の採取と顔写真の撮影。ひところ、その機械のそばに毛筆のような書体で書かれた「Yōkoso! Japan」という宣伝文句が掲げられていたが、その光景は私には少し異様にみえた。そして、出入国手続きのスピード化を謳い文句にした顔認証ゲート。少し前までは指紋情報を用いた自動化ゲートが主流だったが、最近ではＩＣチップの仕込まれたパスポートを保持していれば、ほぼ自動的にこちらのゲートに誘導される。その場で撮影される顔写真とＩＣチップ内の顔画像データを機械が照合するだけで済み、審査官による質問も、パスポートへのスタンプもない。いたって簡単で効率的だが、自分に関する情報がどこでどのように記録され、管理されているのか、自分自身にもよくわからない。日進月歩で洗練されていくシステムの背後にあるはずの管理と統治の企図は、「Yōkoso!」や利便性の文字の背後に隠されている。

さて、ところで、ムンバイの空港である。この空港で、ターミナル間を結ぶシャトルバスを利用した。いくつものチェックをくぐり抜けてようやくバスに乗りこみ、ほっとして車窓の景色を眺める。ふと、窓枠に取りつけてある物体が目にとまった。何だろう？――それは、「緊急用」と書かれた巨大な金槌だった。

もしも乗客の中に金槌を携行している者がいたならば、最初の検査で即刻ひっかかっていたに違いない。それなのに、シャトルバスの中には「乗客用の金槌」が常備されているのである。

あの厳しい検査はいったい何だったのか……。
私の脱力感をよそに、バスは次なる敷居に向かってひた走っていた。

公共空間の隙間

京都を舞台にした森見登美彦の小説、『夜は短し歩けよ乙女』に、「韋駄天コタツ」なるものが出てくる。

コタツを囲む男女の集団が大学の学園祭に現れて、誰彼ともなく鍋をふるまう。食中毒の危険を心配する学園祭事務局が彼らを追うが、コタツ集団はなかなか捕まらない。コタツごと逃げているのだ。神出鬼没のコタツ集団、「韋駄天コタツ」。

小説の中だけでなく、京都ではたまに、野外でコタツに入っている人を見かける。はじめてそれを見たのは、よく晴れた二月の昼間、賀茂川の河川敷を自転車で走っていたときのことだ。易占い師風の、髭を長く伸ばした男性がコタツの主らしく、女子大生風の可愛い女の子ふたりがちんまりと座って、男性と談笑していた。この寒いのに、露天コタツ？　と目が釘付けになったが、急いでいたのでそのまま通りすぎてしまった。

つぎに野外でコタツを囲んでいる人たちを見たのは、つい昨日。夕闇迫る師走の百万遍でのことだ。百万遍は交差点の名前だが、東南角に京都大学があり、いつも大勢の学生たちが行き交っている。その、大学を囲む石垣にほど近い植え込みの脇で、若い男女数人がコタツを囲んでいた。

交差点を渡ろうとしていた私は最初、植え込みのそばに立っている警官に気がついた。彼の足元には黒い人影がみえる。一瞬、事故か何かと思ったが、どうもそうではないらしい。「あのなあ、警察官っちゅうのはなあ……」

警官は、コタツの男女に説教をしていたのだった。

その時も急いでいたのでつい通りすぎてしまったが、あの人たちが何の目的でコタツに入っていたのか、その後どうなったのかが気がかりである。警官とのやりとりを最後まで見届ければよかった。

それにしても警官は、なぜコタツの若者たちを見咎めて説教をしていたのだろうか。韋駄天コタツと違って、道行く人に鍋をふるまっていたわけでもない。寒い冬の夕暮れ、仲良く暖をとっていただけなのに。

たぶんそれは、百万遍が「公共の場所」だからだろう。公共の場所を陣取ってコタツにあたっていることは、警官にしてみれば「不法占拠」行為なのである。

これと同じような攻防が最近、百万遍の近辺で繰り広げられている。この交差点に面した京都大学の石垣には、長年、巨大な立て看板がいくつも立てかけられてきた。サークルの宣伝、劇団の公演やクィア映画祭のお知らせ、軍事研究反対のメッセージ……。信号待ちの間に、ついじっと見てしまうのだが、どれも工夫を凝らした面白いものだ。このタテカンを、景観条例に違反しているとして取り締まろうとする動きがあるらしい。京都市によれば、タテカンの設置は「条例が設置を禁じている擁壁への立てかけや公道の不法占用に当たる」そうだ（二〇一七年十一月二五日付 朝日新聞デジタル）。

この景観条例問題が浮上して以来、タテカンの数はぐっと減ってしまったようにみえる。タテカンのない石垣は、のっぺりとしている。信号待ちの間に、「お」と目を引くような凹凸や色彩がないのだ。

こうしたことを目の当たりにして思いだすのは、大学院に入って間もなく、タンザニアで都市出稼ぎ民の調査をしていた頃のことだ。田舎から職を求めて首都のダルエスサラームに出てきた若者たちは、市街の路上で小さな露店をひらいて生計を立てていた。私は調査というより、商いをする彼らとただ一緒に暮らしていた。私たちも、道路脇の植え込みが定位置だった。大勢の人が通勤や通学にせわしなく行き来する歩道の隅っこで、定点観測のように人の流れをみていると、自分はそうした人たちには属していないという疎外感のようなものを味わった。同時に、露店仲間たちの間には、心安さと朗らかさと親密さがあった。そんな出稼ぎ露天商の、材木でこしらえた簡素な店を、数ヶ月に一度、政府のトラックがやってきては潰していくのだった。材木の山を載せたトラックが走り去った後の、露店の消えた道路はのっぺりとして、土埃だけが目立った。不法占拠者。私たちも、そう呼ばれていた。

いま、調査をしているインドでも、「スマートシティ」を目指す政府の動きが加速している。便利で近代的でクリーンなスマートシティを実現することは同時に、スラムの住民や露天商などの「邪魔者」を排除し、公共空間を平滑化していくことだ。歩道は歩くところ。植栽は美観をつくるもの。石垣はただの擁壁。モノや空間の意味を一元化し、隙間や裏側や曖昧な部分をなくし、そこから外れるものや予想外の用法を許さないこと。景観条例に則ったタテカンの禁止は、さしずめ「スマート百万遍」プロジェクトといったところだろうか。

対して、タテカンもコタツも、ダルエスサラームの露店と同じく、公共空間の隙間を拝借して、あたかもそこに自生しているかのように居場所を創りだしていた。それは不法「占拠」というより、スマートな管理空間の論理とは別の仕方で野外にひらかれた、いっときの居場所である。そこにしばらく、佇んでみる。腰を下ろして、目線を変えてみる。石垣も、植え込みも、道路も、きっとそうした途端に別な様相を見せはじめる。でこぼこしていて、隙間と陰影と発見に満ちた。

二年前のある日、私は百万遍の石垣の上に立って、巨大なタテカンを灌木の枝にくくりつけていた。石垣の上は、登ってみると思いのほか高く、木の枝がごつごつと目の前に迫ってきた。あのときの私の気分は、交差点をただ行き来するだけの普段の私とは違って、ダルエスサラームの路上に佇んでいたときの心持ちに近かったかもしれない。

今度、路上のコタツをみかけたら、しばらく一緒に暖をとってみようかと思う。

フェティッシュをめぐる寓話

色とりどりの看板が、穏やかな間接照明の下に並んでいる。そこに描かれたメッセージは、どこか遠い場所に向けられた過去の言葉のようだ。それを見たのは、「Re/place」と名づけられた展覧会。京都大学の石垣に並んでいた立て看板が大学側によって撤去された後、京都市立芸術大学の学生が、制作者から借り受けたタテカンを芸大で展示した企画展でのことだ。石垣にあった時よりもおとなしい顔をしているタテカンの間を歩きながら、これは何かに似ていると思った。そう、「プリミティヴ・アート」だ。

西アフリカの多くの土地では、呪術的な力をもつとされるさまざまなモノが祭祀されている。私がお世話になったガーナ人の司祭、ナナ・サチの社にも、スマンと呼ばれる大小の物体が祀られていた。彼は儀礼のたびにスマンに神酒を注ぎ、祈祷を唱える。それは精霊の依り代であると同時に、それ自体が力をもつ呪物でもあった。

十五世紀にポルトガル商人が西アフリカ沿岸部に上陸し、現地の人びとと出会って以来、こうした呪物は「フェティッシュ」と呼ばれてきた。人びとにとってこれらのモノは従来、集団のアイデンティティを表すとともに、そのやりとりを通して集団間の交渉や連帯を媒介するものであった。だが、植民地期の西アフリカにおいて、フェティッシュとされた呪物の多くは現地住民による反逆の礎として危険視され、弾圧の対象となる。一方で、その一部は貴重な民族芸術として宗主国の博物館に送られた。

歴史学者のジーン・オールマンとジョン・パーカーは、ゴールドコースト北部のタレンシ社会で信奉されていた、「トンナーブ」と呼ばれる神霊に対するイギリス植民地政府の攻撃について記している。二十世紀の初頭、植民地政府とタレンシの人びとの衝突の舞台となったのは、トンナーブの聖地とされた丘陵、トン・ヒルズであった。北部領の制圧を進めていた植民地政府にとって、「強力で邪悪なフェティッシュ」を擁するトン・ヒルズは、異教部族による抵抗の拠点とみなされていた。一九一一年、イギリス軍はついに丘陵への攻撃を開始する。約一週間にわたる戦闘は、現地住民の毒矢に対してマシンガンで進撃したイギリス軍が圧倒的な勝利を収め、タレンシ側は多数の死傷者をだした。戦闘の後、イギリス軍は「フェティッシュの林」を破壊し、人びとを聖地から立ち退かせた。

だが、トンナーブの歴史はこれで終わったわけではなかった。植民地政府の厳しい監視にもかかわらず、人びとは密かに丘陵を訪れ、儀礼をつづけていたのである。やがて秘密の祭祀は植民地政府の知るところとなり、フェティッシュの「復活」を確信した政府は一九一五年、二度目の攻撃を開始する。フェティッシュの撲滅をもくろむ政府側は聖地の林を伐採し、丘陵に火を放ち、その岩盤を爆破しようと試みた。これほどまでに執拗な攻撃を経て、彼らはやっと、「フェティッシュは完全に死んだ」と確信することができたのである。一方、その知らせを聞いた官僚の一人はこう嘆いたという。「由緒あるフェティッシュが、大英博物館に収まるかわりに灰になってしまった！」

実際のところ、タレンシの人びとにとってトンナーブは実体をもたない遍在する神霊であり、かつ宗教的複合体としての性格をもっていた。それは、さまざまな集団間の交渉や連帯を媒介する儀礼的なネットワークだったのである。だが、植民地行政官たちにとって、トンナーブは攻撃され、捕獲されるべき「フェティッシュ」としての実体をもつはずのものであった。いいかえれば、攻撃目標としてフェティッシュに照準を定め、それを隠しもつ丘陵を焼き払い、立ち入り禁止区域として囲いこむ彼らの行為こそが、トンナーブと呼ばれる「偉大なフェティッシュ」を創りだしていたのである。

彼らを駆り立てていたのは、フェティッシュへの憎悪と破壊への執念だったにちがいない。だが、フェティッシュの死を嘆いた官僚の言葉は、それとは別の欲望を露わにしているようにみえる。価値あるモノとしてのフェティッシュに魅了され、それを所有したいという欲望。彼らはフェティッシュを、ただ無価値なガラクタとして処分したのではなかった。植民地行政官たちが他者の反逆の源泉として恐れたフェティッシュの力は、彼ら自身をも捕えていたのであり、彼らはその力から逃れるために、フェティッシュを破壊し、あるいは所有することで征服しようとしたのではなかったか。

科学人類学者のラトゥールは、フェティッシュに関する論考の中で、これとよく似た物語を取り上げている。ただし物語の舞台はアフリカではなくインドであり、フェティッシュを破壊しようとするのは植民地行政官ではなく、ジャガンナートという名の高位カーストの男性である。彼は、不可触民とされるパーリヤの人びとに対して、彼の家を守護する聖なるモノ（サリグラム）はただの石だと明かすことで、カースト制の呪縛を打破しようと試みる。彼は聖なる石をつかみ、恐れおののくパーリヤたちに対して、それに触るよう命じる。だが、一向に石に触れようとしない人びとに苛立ち、彼はついに声を荒げて叫ぶ、「触れ、触れ、触るんだ！」——彼の剣幕に怯えたパーリヤたちは石に触れるが否や逃げ去り、ジャガンナートは苦悶のうちに取り残される。

この物語を例にとり、ラトゥールはこう述べる。どういうわけか、フェティッシュは反フェティシズムの手によって力を増すものだと。丘陵を破壊することで「偉大なフェティッシュ」を実体化してしまった植民地行政官と同じく、ジャガンナートは、その聖性を剥ぎ取ろうとする彼自身の行為によって、石をサリグラムに変えてしまう。「勇敢な偶像破壊者は何を破壊したのだろうか？」とラトゥールは問いかける。

> 私は、破壊されたのはフェティッシュではなく、かつて議論や行為を可能としていた、議論し、行為する方法なのだと主張したい。〔……〕どういうわけか、人間性はこの「単なる石」の平穏な存在に依存している。偶像破壊は偶像を壊さず、偶像破壊者が忌み嫌う議論や行為の方法を破壊する。〔……〕〔偶像破壊者の一撃を受けた後に〕残骸となって横たわっているのは、偶像破壊者の人間性なのである。（『科学論の実在』）

トンナーブとサリグラムは、人びとを魅了する。それはみずからの力をもって人びとを結びつけ、行為させる。その魔法を解こうとする試みによって破壊されたのは、だがフェティッシュそのものではなく、彼らの関係性を支えてきた対話と行為のモードであった。タテカンもまた同様に、人びとを誘惑し、挑発し、結びつけ、行為させる。それらはしかし、今や実践的な関係性から切り離され、檻の中に囲いこまれている。儀礼のネットワークから隔絶されることで不穏なフェティッシュとなった神々のように。その一部はアートとして救出されるか、さもなければ破壊されるかもしれない。

そのとき破壊されるものは、一体何であるのか。はたして破壊者たちは、誘惑するモノの力から逃れえたのだろうか。自身の手で石をサリグラムにし、その破壊を通してかつての対話や行為の方法を失ったのみならず、みずからの人間性を破壊したジャガンナートの物語は、いま・ここで起きている出来事を映す寓話のようにみえる。

ラトゥール、ブルーノ二〇〇七『科学論の実在――パンドラの希望』川崎勝・平川秀幸訳、産業図書。

Allman, Jean and Parker, John 2005 *Tongnaab: The History of a West African God*. Bloomington: Indiana University Press.

隅っこの力

七年ほど前に数ヶ月間、家族でスコットランドに滞在したことがある。当時、小学校一年生だった長女は英語が話せなかったこともあり、知人の紹介でエディンバラ市内にあるシュタイナー学校附属の幼稚園に通うことになった。初めて娘を連れて幼稚園を見にいったとき、その外観にまずは興味をひかれた。屋根の勾配が非対称なのだ。子どもたちの居室として使われている二階の部屋は広い一室空間なのだが、どことなく親密な感じがする。しばらくその部屋にいるうちに、おそらくそれは部屋の中に目の届きにくい場所や、濃淡の陰影があること——つまり「隅っこ」の効果ではないかと気がついた。子どもが体を潜めて、考えごとをしたり、何かを創りだしたりできる場所。そしてまた、私が目をひかれたのは、祭壇のようにみえる小さなコーナーだった。幼稚園の先生に訊くと、とくに何かを祀っているわけではないという。陰影と隅っこと祭壇。ひとつの部屋に、子どもが独りで、あるいは友だちと、心を遊ばせる異空間が用意されていた。

そうした空間と引き比べたとき、日本の小中学校ののっぺりとした構造は対照的だ。グラウンドをとりまく箱型の棟と、均等に区割りされた教室。一望監視、という言葉が脳裏をよぎる。しかしさすがに大学のキャンパスともなると、そうした均質的な構造とは大分異なってくる。とりわけ京都大学は、先の幼稚園とはまた違った意味で、豊かな隅っこに恵まれていると思う。それは構内に新旧の建物が混在しているからというだけではなく、その時々の学内開発の隙間に残された隅っこを、学生たちが豊かに活用してきたからだろう。

たとえば、娘が通っていた保育園は京大のプールの北隣にある。そのプール横の裏門から体育館の脇を通って東大路通《ひがしおおじどおり》に出るまでの狭い通路は子どもたちのお散歩コースの一部なのだが、そのあたりは「オバケがでる」という噂の人気スポットでもあった。なぜ、そこにお化けが出るのか。それはたぶん、体育館と通路の間の、コンクリートの柱に部分的に囲われた薄暗い空間に、しばしば何かの気配がするからだろう。そこで誰かがサークルの打ち合わせをしていたり、立て看板を作っていたり、何かしらの作業をしているのだが、外からはその全貌が見えない。そのただならぬ雰囲気、面白そうだけどちょっと怖い「何かがいる」という気配が、子どもたちの中で「オバケ」として感受されていたのではないか。人やものが集まり、何かが自然発生的に生まれてくるときの温度と湿度に満ちた隅っこ。そうした場所がそこここにあることが、構内に独特な雰囲気を生みだしていた。

一筋縄ではいかないもの。すぐには把握できないが、独自の自生的な論理をもつもの。人類学的なフィールドワークでも、面白いと思えるのはそうした現象だ。たとえば私はガーナの村で精霊祭祀の調査をしていたが、村と森林の境界に位置する精霊の社の佇まいは、道路沿いにある近代的な教会の佇まいとは対照的なものだった。薄暗い空間にさまざまな呪物がひしめき、静かに息づいているような。

ガーナのそれに限らず、精霊祭祀の多くは森や原野といった野生の力と結びついており、アニミズム的な要素を包含している。アニミズムの語源であるアニマは生命や魂という意味をもつが、それは個々の「もの」自体の状態をあらわすというよりも、何かが生まれ、息づき、現勢化していくことを可能にする環境と、そうした関係性の中にあるものの潜在的な力を意味しているといると思われる。それは精霊の社のように呪術的な力を喚起する場所のみならず、たとえば発酵のように、生物と無生物を含むさまざまなものたちの相互作用や、それを可能にする環境にもあてはまるだろう。片付けるのを忘れた実験器具の中でいつのまにか進行していた化学反応のように、そうした潜在的な力は予定調和的ではなく、むしろ偶然を介して現れる。そしてまた、偶然を十全にはたらかせるためには、しばしの猶予が必要だ。結果を見越して手はずを整え、性急に介入するばかりではなく、混沌とみえるものから独自の力と論理が立ち上がってくるさまを待つこと。そしてその、自然発生的に現れた力の可能性に気づくこと。

那智の山に隠栖していた頃、南方熊楠は高野山の高僧である土宜法龍に宛てた書簡の中で、tactという概念について考察している。「やりあて（やりあてるの名詞形）」ともいいかえられるそれは、偶然と熟練のわざが相まって生まれる出逢いや行為の成功を指す。熊楠は、夢見をきっかけに那智の山を歩きまわり、ついに稀少な粘菌を見つけた経験を、自身のタクトの発露として語っている。

さて、そんなら一例をまた引かんに、今度は本月五日の夜クラテレルスという菌［……］那智の向山をさがせば必ずあるべしと夢みる。翌日、右の例もあるから、おかしきことに思いながら、向山をさがすになし。それから夕になり、帰途ははなはだ艱苦、あるいは谷に堕つるの患《うれ》いあるから、遠き路をまわり、花山天皇の陵という処をこゆるとき、この菌を多く見出だす。これは予が見しこともなきもの、また、画をだけは見しが、どんな地に生ずるものとも、何の木の下に生ずるものとも読みしことなし。［……］しからば、右ごときは tact という の外なし。

ここで留意すべきことは、熊楠は単に「夢のおかげで粘菌を発見した」と述べているわけではないという点である。夢は彼にとって、粘菌を探しに出かけるきっかけを与えてくれたものにすぎず、粘菌との出逢いを可能にしたものは、起伏と陰影に満ちた那智の山野を歩きまわる中で培われていた彼自身のタクトであった。熊楠は言う。

発見というは、［……］tact にうまく行きあたりて、天地間にあるものを、あるながら、あると知るに外ならず。

同じ書簡の中で熊楠は、人間の探究の対象となりうるさまざまな不思議がもつれあい、不可知の「大不思議」に包みこまれているような宇宙のありようについて、手書きの図を描いて説明している。彼の描いた事理と不思議の曼荼羅図は、人智によってどこまでも把握され、整理された平滑的な世界ではなく、偶然のはたらきと人のわざが絡まりあって予測不可能な運動と新たな論理を生みだしていくような、活き活きとした動的世界だ。生成と腐食が不断に循環する那智の森は、彼にとってそうした世界を具現するものだったただろう。

ひるがえって今、あちこちの隅っこで自然発生的な発酵や化学反応が起こっていたような京大の構内は、ふたたび様変わりしつつある。お化けを育んだ陰影は霧散し、隅っこは有用なスペースとなり、混沌は透明化されていく。人やものが自然に寄り集まり、新たな運動や論理を生みだす潜在的な力がうごめいていた環境は、アニマの気配を感じさせない平明な空間と化していくのだろうか。

ガーナの精霊の社は、村と森の境界にあった。それは野生の力に満ち、制御しがたいアニマを宿しているがゆえに危険なものでもある。大学という空間には、そうした両義的な何ものかを包含するような余地はもはや存在しないのかもしれない。それでも熊楠が彷徨し、タクトの発揮を通して粘菌と邂逅した森のような空間が、豊かに存在しつづけてほしいと願う。

南方熊楠 一九七一『南方熊楠全集』第七巻書簡I、平凡社。

IV

まなざしの交錯と誘惑

かなり前のことになるが、インドの首都デリーから長距離バスに乗って、ウッタラーカンド州の山麓を目指した。途中、菜の花が咲きみだれる畑のそばでバスを降りて、休憩をとることになった。そこは人気の休憩地点なのか、他にも車を降りて佇んでいる人たちがいたのだが、ふと気がつくと五、六人の男性が一列に並んで、凍りついたように私を凝視している。私が見返しても、まったく表情を変えることなく無言のまま、まじまじと見つめつづける。それまでにも、初めて訪れた土地で珍しげに見られたり、執拗に声をかけられたりしたことはあったが、そんな風に穴のあくほど見つめられた経験はなかった。まるで理解できない、人ではないものを見ているかのような。あの凝視は、いっとき私を〈物＝対象《オブジェクト》〉に変えていた。

憑依やアニミズムを主題とする人類学的研究では、パースペクティヴの交換や変容について、さまざまな考察がなされてきた。まなざしのやりとりは自己と他者の関係性をつくりだすものだが、他者のパースペクティヴを引き受けることは、部分的に相手になりかわることをも意味する。そしてそのとき、人がなりかわる相手は人間であるとは限らない。

たとえばエドゥアルド・ヴィヴェイロス゠デ゠カストロは、アメリカ大陸先住民社会におけるパースペクティヴの交換について論じている。ある動物になりかわることを通して、シャマンは人間と人間ならざるものとの間を行き来し、動物たちと交流する。戦士もまた、あるパースペクティヴをもつ他者として敵を主体化し、彼と同一化することによって相手を内側から捕える。だがそれは、危険な行為でもある。他者のパースペクティヴを引き受けることで、人は自分自身を見失い、相手に呑みこまれてしまうかもしれない。シベリアの原野で、獲物である動物になりかわる狩人の経験について論じつつ、ウィラースレフはそう指摘する。獲物を狩るために、だから狩人は相手のパースペクティヴを身につけると同時に、再帰的な自己意識を維持しておかなくてはならないのだ。

こうした人類学的知見と符合することを、精神病理学者のヴォルフガング・ブランケンブルクが述べている。人が世界内存在として生きていくためには、他者のパースペクティヴを引き受けることが必要になる。ただし、相手のパースペクティヴに完全に呑みこまれることのないように、人は自己と他者のパースペクティヴをともに作動させておかなくてはならない。「パースペクティヴと戯れること」。そのことを、彼はそう表現する。

憑依という現象は、人と神霊とのパースペクティヴの交換でもある。南インドの神霊祭祀で憑坐《よりまし》を務めるサティシュは、憑依の経験についてつぎのように語っている。

> そのとき、私たちの意識は完全に神霊に集中しています。それは、魅惑（*ākarṣaṇɛ*）と呼ばれる瞬間です。三秒ほどの間、私たちの魂は神霊のもとへゆきます。［……］数秒ののち、私たちは意識をとりもどして、人びとを見分けることができるようになります。

神霊の力に呑みこまれる魅惑の瞬間を経て、憑坐は彼自身の意識を保ちながらも神霊になりかわる。そのとき、人と神霊のパースペクティヴは絡みあい、戯れあう。

ヒンドゥーの神々と信者とのまなざしの交換について考察したのは、宗教学者のダイアナ・エックだ。神像と見つめあうことを通して、信者は神からの祝福を受けとり、神と一体化する愉悦を感じる。そこで生じているのは、〈見る－見られる－見られている私を見る……〉というまなざしの重層化であり、能動と受動の絡みあいである。

　自己と他者のパースペクティヴの交換には、こんな風に愉悦と危うさの両方がつきまとう。相手に呑まれまいと自分を保つことと、相手に呑まれたいという欲望との葛藤。まなざしが誘惑と深く関わっているのは、それゆえだろうか。まなざしのやりとりは情動のやりとりでもあり、自他の境界の揺らぎをみちびく。それはまた、他者があるからこその自己の生成でもある。こうしたパースペクティヴの交換と変容についてブランケンブルクは、人が世界と自分自身に対して、何らかの「関係をもつ／ふるまいをする（sich verhalten）」という可能性そのものであるとした。

　ひるがえって、路傍で私に投げかけられたような一方的な凝視は、相互的な関係の生成を拒絶するものだ。凝視するまなざしによって、私は関係性の中に導き入れられるのではなく、〈物＝対象〉として有徴化され、逃げ場をなくす。一方で、まなざす者が私の視線を受けとめることはなく、彼らは無徴のまま、ただ見つめつづける。

　こうした非対称的な関係に関して想起されるのは、ジェレミー・ベンサムの考案した〈一望監視施設《パノプティコン》〉だ。ミシェル・フーコーが読み解いたとおり、独房の中で、姿の見えない監視人の視線を恐れる囚人は逃げ場をなくし、監視する者のまなざしを内面化するようになる。

見る者と見られる者。無徴の看守と有徴化された囚人。そうした関係は、まなざしの交錯が生みだす危うくも親密な関係性とは対照的である。その不均衡さは、たしかに権力の所在に関わっているのだが、ただ、まなざす者が常に権力の側にあるとは限らない。

ジョージ・オーウェルは、大英帝国の植民地だったビルマに警官として赴任していた。あるとき彼は、町で暴れている象をどうにかしてほしいと依頼される。とりあえず様子を見に出かけたオーウェルは、彼が象を撃つのを待ちかまえる群衆のまなざしの中で、のっぴきならない事態に追いこまれる。

〔……〕その瞬間、私はちらっと、ついて来た群衆を見た。それは巨大な、最低二千人はいる人波で、刻々と大きくなってきていた。〔……〕手品を演じようとしている手品師を見るみたいに、彼らは私を見ていた。〔……〕そして私は一気に悟った。やはり象は撃つしかないだろう。人々は私にそれを期待しているのであり、私はそうするしかないのだ。(『象を撃つ』)

植民地官吏として、オーウェルはこの群衆を支配する側にあった。しかしいま、人びとの視線によって逃げ場をなくし、突き動かされているのは彼の方だ。支配者を包囲する群衆のまなざしが日頃の権力関係を一時的に逆転させたのではなく、それこそが植民地の白人たちを動かすものであったことを、オーウェルは鋭く感知している。

他者とのパースペクティヴの交換を通して自己はつくりだされ、縷々変転していく。その時々に、私は相見《あいまみ》える他者となり、能動と受動は縒りあわされ、狩ることと誘惑は同義になる。対して、生きている相手の顔を奪い、〈物＝対象〉と化す視線こそが、相手を物として簡単に消し去りもするのだろう。だとすれば、まなざしの往還を断ち切られた人間同士の関係は、互いのパースペクティヴを交錯させ、誘惑しあう人と人ならざるものとの関係よりも、よほど遠いものであるのかもしれない。

ウィラースレフ、レーン 二〇一八『ソウル・ハンターズ——シベリア・ユカギールのアニミズムの人類学』奥野克巳・近藤祉秋・古川不可知訳、亜紀書房。
オーウェル、ジョージ 二〇一五「象を撃つ」『ブリティッシュ&アイリッシュ・マスターピース（柴田元幸翻訳叢書）』柴田元幸編訳、二二五―二三七頁、スイッチ・パブリッシング。

フーコー、ミシェル　一九七七『監獄の誕生――監視と処罰』田村俶訳、新潮社。

ブランケンブルク、ヴォルフガング　二〇〇三『妄想とパースペクティヴ性――認識の監獄』山岸洋・野間俊一・和田信訳、学樹書院。

Eck, Diana L. 1998 *Darśan: Seeing the Divine Image in India*. 3rd edition. New York: Columbia University Press.

Viveiros de Castro, Eduardo B. 2004 Exchanging Perspectives: The Transformation of Objects into Subjects in Amerindian Ontologies. *Common Knowledge* 10（3）: 463-484.

現実以前

　幼稚園に通っていた頃、ひらがなの練習などをしていると、先生が私の手からすっと鉛筆を抜きとり、もう一方の手に持ち替えさせることがあった。特に理由を説明された覚えはなく、先生が行ってしまうと元の手に持ち替えて続きにかかっていたが、何となく妙な気がしたことを憶えている。小学校にあがると、当時「大縄」と呼ばれていた遊びが大の苦手になった。二人の子がまわす縄の回転の中に一人ずつ順番に入っていき、皆で跳びつづけるのだが、なぜか私だけうまく跳べない。後年になって、そうしたことはたぶん、自分が左利きであることに関係していたのかもしれないと気がついた。

　子どもの頃に比べると大して困りはしないが、ちょっとした不便は今も日常のあちこちにある。たとえば駅の自動改札機。片側にしかない自転車のスタンド。片口鍋の注ぎ口。私にとってみれば、それらはみな使い勝手からして「逆側」にある。だが、ほとんどの人にとってそれはきっと、左右どちら側についているかなど気にも留めないような瑣末なことであるに違いない。そんな些細な違和感の多くは、そのつどやり過ごしたり、調整したりできる程度のものだ。それでも、「世の中のしくみに自分はうまくフィットしていないのかも」というそこはかとない感覚が、子どもの頃から持続しているような気がする。

先日、人類学的なフィールドワークについて数名の新入生に話す機会があった。日常を離れた場所に出かけていき、想定を超えるような出来事に出会いながら生活する中で、自分の感覚が少しずつ変わっていく。それは、それまでの「普通」から少し外れた、自分の中の他者に気づくことだ――そんな話をしたと思う。会の後で、一人の学生が控えめに感想を語ってくれた中に、その言葉はあった。「じつは、僕自身が色盲なんですけど……」

思いかえしてみるとこの言葉は、個人的でありながら社会的なものでもあるほかない身体感覚の差異や偏差と、フィールドワークを通して人類学者が提示してきた「差異」との違いと共通性についての熟考を促すものだ。自分をとりまく「普通」からのズレという点では、それらは重なりあっているようにみえる。だからこそ彼にとって、自分の抱えるズレの感覚と、人類学的経験についての私の話がリンクしたのだろう。でも。

フィールドワークを通して人類学者が見いだし、提示してきた差異は長らく、「私たちの社会」に対する「彼らの社会」のそれだった。異なる言語、異なる習慣、異なる信仰、異なる論理。それらを知ることで自文化の「あたりまえ」を見直すという語り口は、今や人類学の常套句だ。なかでも、近代的な「私たちの社会」ではありえないような神秘的な現象をめぐる語りや実践は、「彼らの社会」の異他性を際立たせるものとして注目されてきた。それはたとえば、妖術や呪術、精霊憑依と呼ばれるような現象だ。

ふりかえってみれば、一九五〇年代末から一九七〇年代にかけては、そうした現象の理解をめぐって「合理性論争」と呼ばれる議論が繰り広げられた。この論争の中で、後に「相対論者」と呼ばれることになる人類学者たちは、「未開社会の人びとの思考や生活様式を理解するために、われわれの合理性の基準を用いるべきではない」と主張した。これに対して、客観主義的な立場をとる人類学者たちは、「合理性の客観的な基準があってしかるべきだ」と反駁した。

こうしたふたつの立場のうちでも、非西洋的な思考の理解を通して西洋的な合理性の概念が拡張されうると考えた相対論者たちの見解は、今日、「存在論的転回」と呼ばれる思潮を牽引する人類学者たちの主張と共通性をもつ。彼らもまた、妖術や精霊のように、西洋近代に生きる「私たち」からみて異他的な非西洋社会の概念や実践に注目している。彼らは、「妖術や精霊なんて実在しない（たとえ社会的な有用性はもっているにせよ）」と決めつける合理主義的な人類学者の態度を批判する一方で、そうしたものが「私たちにとっても現実に存在しうる」という見方からも距離をとろうとする。

——妖術や精霊は、フィールドに生きる「彼ら」にとっては実在する。それは認めなくてはならない。だが私たちはそれを、理性的な言葉で説明したり、自分にとっても現実的なものだと思いこんだりしてはならない。それは、彼らの世界を何か別のものに変えてしまうことを意味するのだから——こうした主張において、妖術や精霊は「彼ら」の存在論的世界に実在すると同時に、別な存在論的世界に生きる「私たち」にとってはあくまで説明不可能であり、潜在的なものとして位置づけられる。

このとき前提とされているのは、「私たち」と「彼ら」との越えようのない差異だ。またそこでは、「私たち」とその現実世界とがほぼ乖離なく密着していることが、暗黙の前提とされているようにみえる。さらにまた、「私たち」にとっての他者である「彼ら」と一体化しているはずの、妖術や精霊込みの別な現実世界が想定されてもいる。

ここで、ある人をとりまく日常において広く共有されている流儀や概念、一般的とされる感覚や実践などからつくりだされている現実世界を、仮にRとしてみたい。それは、対立や混淆をはらみながらも独特な歴史や傾向や機構をもつ、おおむね安定した基底的な世界として、ひとまず想定される。合理性論争や存在論をめぐる議論では、対照的な異なるRの間の共約可能性と不可能性が問題とされていた。なかでも後者は、「われわれのR」には含まれえない現象を、「彼らのR」における実在として認めようとするものであった。だが、果たして妖術や精霊は、「彼らのR」における実在として措定されうるようなものなのだろうか。また、個々人の生のありようは、彼らをとりまくRとどこまで一致しているのだろうか？

人類学者は、自分にとって馴染み深いRを離れて別のRに入りこむ者として描かれがちだが、実際にはやや異なる経験が生じているように思う。少なからぬ人類学者はたぶん、いずれのRからも幾分かのズレを保ちながら、その間を行き来している。そこで浮上してくるのは、それぞれのR同士が互いにいかに異なっているのかという問題だけではなく、あるRにおいて個々人の差異がどのように意味づけられ、そこからどのような関係性が生じているのかいないのか、といった問題でもあるだろう。このように、ある人と彼／彼女をとりまくRとの齟齬やズレを前提とするとき、あるRに参与している人びとにとっての包括的な「現実」なるものを措定することは、じつはできない。ある人にとって何が、どの瞬間に、どのように「現実的」でありうるのかは、社会的であると同時により個別的で身体的な、現実感覚の生成と変容に関わっているからだ。

このことを考えるとき、精神病理学者の木村敏による考察が助けになる。木村は、人が経験的な現実として認識するリアリティと、より身体的で無意識的な行為的現実感であるアクチュアリティの関係を論じている。木村によればアクチュアリティとは、人とその対象との潜在的で生命的な関わりが、一瞬のひらめきとして顕れるような感覚である。

現勢態であるアクチュアリティは、潜勢態であるヴァーチュアリティがそのつどの現在においてそれ自身を限定し個別化する過程で、触媒のようにはたらいて、それによって意識面でのリアリティの生成を触発し、リアリティにぴったり張り付いたかたちでそれ自身を顕在化する。(『関係としての自己』)

アクチュアリティを契機として生成するリアリティは、他の事物や行為との調整を通して安定化されることで、基底的な現実の一部となりうる。対して、アクチュアリティは常にリアリティに先行する、不分明で動的な状態である。個々人の感覚とRとのズレ、あるいはRの中には定位されがたいが、ある瞬間には現実としか思われないような経験などは、この行為的現実感の生成と深く関わっていると思われる。そして、妖術や精霊憑依といった現象はおそらく、「私たち」にとってだけではなく、別様のRを生きる人びとにとっても、非決定的でゆらぎを帯び、瞬時に変化していくような、潜在と顕在のあいだにあるものなのではないか。だとすれば、そうした現象を、近代合理的な「私たちのR」においてはありえないとする一方で、「彼らのR」における実在へと振り分けることは、リアリティに先行するアクチュアリティとしてのみ感受されうるような現象の不分明さとその潜在的・生命的な力（virtue）を、結局のところ看過することにならないだろうか。

ところで、味に形が感じられるという共感覚の持ち主である写真家の迫川尚子氏は、あるビールの味の変化を視覚的な像として感じとったときのことを語っている。以前、そのビールを飲んだときに彼女の目に浮かんだのは、「グリーンの卵型の真ん中あたりに風が吹いているような」像だった。

エーデルピルスは、風が吹いてるのがすごく良かったんですよ。［……］ちょっとゆらぎがあって空気感がある。これが私のなかでは良い評価っていうか、わりと美味しいものに通じる感覚ですね。それがキッチリしちゃうと、もうどんどん工業製品になっていく。［……］ゆらぎが大事ですね。（『味の形』）

これはビールの味覚とその像についての語りだが、いまだRの一部として安定化されず、そのつどのリアリティにも先行する行為的現実感そのものを表現しているようにも読める。自分の感覚と基底的な現実世界とのズレを感じつつ、独特なアクチュアリティを通してRの安定性をわずかなりとも揺るがせること。それは、対照的な世界の根源的な差異を提示することで、自分たちの世界を見直そうとすることと、やはり同じではない。きっとそれは、人類学者だけの仕事であるというよりも、ときに痛みをもってRとのズレを鋭敏に感じとりながら、それを表現しつづける多くの人びとがなしてきたことなのだろう。

木村敏 二〇〇五『関係としての自己』みすず書房。

迫川尚子・(よ)二〇一五『味の形——迫川尚子インタビュー』ferment books。

Henare, Amiria, Holbraad, Martin and Wastell, Sari 2007 Introduction: Thinking through Things. In *Thinking through Things: Theorising Artefacts Ethnographically*. Amiria Henare, Martin Holbraad and Sari Wastell (eds.), pp. 1-31. New York: Routledge.

Viveiros de Castro, Eduardo B. 2011 Zeno and the Art of Anthropology: Of Lies, Beliefs, Paradoxes, and Other Truths. *Common Knowledge* 17 (1) : 128-145.

—— 2014 Who is Afraid of the Ontological Wolf?: Some Comments on an Ongoing Anthropological Debate. CUSAS Annual Marilyn Strathern Lecture, 30 May 2014. (https://sisu.ut.ee/sites/default/files/biosemio/files/cusas_strathern_lecture_2014.pdf 二〇一八年九月七日閲覧)

流転の底で

数年前にあるシンポジウムで、少し変わった民族誌フィルムをみた。その映像は、ほの暗い水の中から始まる。濁って視界のきかない茫漠とした景色、くぐもった音。それが水中を遊泳する生きものの「視点」であることに気づいたのは、しばらく経ってからのことだ。フィルムの上映と並行して、アナ・ツィンを含む三人の人類学者たちがそれぞれ学者と農民、さまよえる幽霊に扮して、台湾の水田を舞台にした寸劇を繰り広げた。やがてフィルムが終わりに近づき、画面にクレジットが流れはじめる。そこには関係者たちの名前と並んで、「アフリカマイマイ」や「スクミリンゴガイ」といった生きものたちの名前が記されていた。

発表が終了し、発表者と聴衆の質疑応答に入ったとき、フロアからこんな質問が投げかけられた。

――この映像のクレジットには、カタツムリなどの生きものの名前がありました。でも論文では、あなた方はそうした非‐人間の名前をリファレンスに入れられるのでしょうか？

この問いは、人類学的な研究の中で「人間ならざるもの」がどのような位置を占めるのか、という問題を鋭く突いている。この発表でツィンたちが試みたのは、映像とテクストが混じりあい、さまざまな人間と非‐人間とが織りなす「マルチスピーシーズ・オペラ（multispecies opera）」の実演だった。そうした試みは、次のような問いを投げかけ、また喚起する。非‐人間たちは、研究の道具や副次的な対象であるにすぎないのだろうか。それとも、彼らはパートナーでもありうるのだろうか。ありうるとすれば、どのようにして？

科学人類学者のラトゥールは、土壌学者と地理学者、それに植物学者のチームによるアマゾンの土壌調査を事例として、さまざまな人とモノが関わりあい、接続していくことを通して、科学的事実と知識が実在化されていく過程を描いている。このプロセスの中でも人間と非‐人間との関わりという点で興味深いのは、ラトゥールが「世界の動員」と呼ぶ活動である。科学者たちは、土壌や植生の一部をサンプルとして採取し、分析し、数値化し、研究成果に変換していく。「世界の動員」とは、ラトゥールによれば、「非・人間が人間の言説のなかに漸進的に荷積みされていくあらゆる手段」を意味する。それは科学的事実と知識を作りだすために、人間が非‐人間たちからなる世界の一部を支配し、操作可能な道具として動員することである。

スクミリンゴガイや幽霊が重要な役どころとして登場するツィンたちのオペラは、こうした人間による一方的な「世界の動員」とは異なる、非‐人間との関係性を模索する試みであっただろう。だが、実際にはそうした試みでさえ、人間の作りだした表現の様式を離れることはできない。極小なカメラを水中生物に取りつけてその「視点」を再現したとしても、生きもの自身の経験を観客が感じとることはできない。非‐人間である生きものや幽霊に人格を与え、その声を劇中にとりいれたとしても、それは人間の言葉によって表現されるほかない。そして、フィルムのクレジットに生きものたちの名前が記されたとき、それは人間と人間ならざるものとの、より対等な関係性の構築を意味するのか。それともそれは、より洗練された「世界の動員」のはじまりを意味するにすぎないのだろうか。

「世界の動員」というアイデアや、それに対するオルタナティヴを探究する試みが指し示しているのは、人間と非‐人間との不均衡な関係性である。人間が他のあらゆる種よりも優位に立ち、非‐人間からなる世界を利用し、操作し、支配しているという現状への認識。ツィンたちのオペラはだから、最新のテクノロジーと想像力を駆使した表現の中で、人間ならざるものの存在を中心化し、人間と非－人間との絡みあいと共生を描きだすことで、異種の生きものと人間という主体間の対称的な関係性を回復しようとする試みとしての意味をもっていた。

その一方で、そうした試みの中では焦点化されないような非対称性もまた、厳然として存在しつづけている。それは人類と自然との関係というよりも、一個の生きものとしての人と自然との関係性を考えるときによりはっきりと感じとられる非対称性であり、具体的には、個々の生きものの生死に自然はあくまで無関心であるということとして現れる。ある生きものの生死の、冷徹なまでの偶然性。それはあたりまえのようでいて、日常的にはほとんど意識されない事柄かもしれない。だが、主体と環境の関係が反転し、自己の存在が限りなく軽くなっていくような経験は、誰しもに不意に訪れる。それは個々の生きものと、それをとりまく有機物と無機物からなる自然との、基本的な関係性であるように思われる。

登山家の竹内洋岳は、雪崩による事故で大怪我を負うという経験を経ながら、地球上に十四座ある八千メートル峰のすべてに無酸素で登頂している。そうした高峰のピークでの感覚について、彼はつぎのように語っている。

八千メートル峰の山頂は、まったく生命感のない場所で、人間がいることが明らかに不自然なんです。「ここにいちゃいけない」という感じが満ちあふれているんですよね。自分の命を守り、無事に下山するためには、一刻、一秒でも早く下りなくてはならないと、正常に頭が働いていれば誰でも感じることだと思います。

極限的な状況において、人は自然なるものと親密な関係性を取り結ぶことはできない。一個の生きものに立ち戻ったとき、その身体はあまりにも脆弱であり、剝きだしの自然は人格化された対話可能な他者ではありえない。人間の存在自体を拒むような環境の中で、それでも人が他の生きものと出逢いうるとすれば、それはどのような邂逅であるのだろうか。

写真家の星野道夫は、アラスカの海でゴムボートに乗っていたときの出来事を綴っている。鯨の行動を観察するためにエンジンを切って海上を漂っていると、不意に海面にさざ波が立ち、自分の舟をとりまくようにして直径十メートルほどの泡の円が浮かび上がった。それは、バブルネットフィーディングと呼ばれる捕食行動をとる際に、ザトウクジラが吹き出す泡の柱だった。鯨は水中で螺旋状に旋回しながら大量の泡を放出して円柱状の壁をつくり、その中にニシンの群れを捕える。星野の舟は、その柱の真上に位置していた。海面近くに逃げ昇ったニシンを追って、鯨が口を開けながら空中に跳び出してくることを予期した彼は慌てる。

［……］海面下に巨大な影が走った。逃げる時間がない。

するとと五頭のザトウクジラは、あぶくの円を避けながら、まるで何もなかったかのように、ゆっくり海面に姿を現してきた。何が起きたのだろう。ピノキオになりそこねた僕は、肩の力が抜け、目の前で息を吹く巨大な生き物を見つめていた。

この文章の中で星野は、彼に気づいて咄嗟に捕食行動をやめた鯨への感嘆をにじませている。一瞬の、閃光のような接触。その刹那に相手の存在を察知し、自分の行動を転換すること。そのとき、鯨と人は確かに「出逢っていた」のだろう。その遭遇はしかし、人間にとって想像可能な他者との出逢いを超えた何かではなかったか。

はかり知れないものへの畏れの感覚について、あらためて思いを馳せる。一個の生物としての人が、簡単には近づきえないもの。この自己というものが普段の意味を失い、その生命さえもたやすく呑まれてしまうような。そうした圧倒的な不可知性の中で、それでも他の生物や自然なるものとの接点を感じとることがあるとすれば、おそらくそれは「共生」といった言葉で表されるような、生の次元における主体同士の関係性にとどまらない何かだ。生死の底に、有機物と無機物の変転の底に流れている何か。

ガーナの森林地帯に暮らしていたとき、森の奥で激しい雷雨に遭ったことがある。そのとき私は、村の小学校教師のクジョ先生と一緒に、森の中の集落を巡っていた。一軒の家で、精霊に供犠するための鶏を手に入れて帰途につこうとしたとき、雷が轟いて急に豪雨が降りだした。その時のことを、私は手帖にこう書きとめている。

村を出たときには西の空はあかるく、森の天辺が輝いていたのがあっという間に大降りになって、クジョ先生と私はおかみさんが切ってくれたプランテン・バナナの葉を頭にかざして道を急いだ。たちまち森の小径は赤く渦巻く川になり、濁流がどうどう流れていく。木々はばさばさと揺れ、雷は唸り、森は耳のそばでさまざまに鳴きたてる。必死で道を急ぐ私たちをよそに、雨の森は賑やかに交歓しているようだ。〔……〕とにかくどんどん暗くなってくるし、驟雨はプランテンの傘など素通りして腕から背から流れこみ、しぶきで服はぐしょぐしょになる。右腕に生きた鶏を抱え、左手でプランテンの葉を支えて濁流の道をもうお構いなしに水に踏みこんで駆けてゆく。

森の中の集落をいくつも過ぎ、ようやく村に近づいたころ、雨は小降りになり森の重い声は止み、雲は裏側から照らされたように明るむ。〔……〕あの内部の生命、ゴシックじみた慄きと囁き。あのまま森の中に立っていたら雨に溶け流されて、プランテンの葉を残して何かもっと原生的な生物に変身してしまっていただろう。人間は穴の中で雨を眺めているけれど、そうしなければ自分の身がすぐに森の一部と分かたれず、流れていってしまうからなのだ。

雷鳴に揺れる森の中を走っていたとき、私を満たしていたのは畏れとないまぜになった高揚感、思わず笑えてくるようなある種の悦びだった。生きている鶏の鼓動を腕の中に感じながら走っている私をとりまく生命と腐食に満ちた森を、どこまでも包囲する雷雨。互いのありようが互いにとって未知であり、脅威でさえありながら、それらすべてが雷雨の中で共振しあっているような感覚が躁的な高揚感をもたらしたのだろうか。

それぞれの内側と外側において、異なっていながら同じ要素に満ち、分かたれていながらつながってもいる。その一瞬の、啓示のような知覚。畏れながら、自然という神々と結ばれることを願う人びとの感覚とは、そうしたものなのかもしれない。

星野道夫 二〇〇三『星野道夫著作集』第五巻、新潮社。
ラトゥール、ブルーノ 二〇〇七『科学論の実在――パンドラの希望』川崎勝・平川秀幸訳、産業図書。
Tsai, Yen-Ling, Carbonell, Isabelle, Chevrier, Joelle and Tsing, Anna Lowenhaupt. 2016 Golden Snail Opera: The More-than-Human Performance of Friendly Farming on Taiwan's Lanyang Plain. *Cultural Anthropology* 31 (4) : 520-544.
Web ナショジオ・インタビュー「プロ登山家 竹内洋岳」(https://natgeo.nikkeibp.co.jp/nng/article/20120913/322985/ 二〇一八年十月二七日閲覧)

Since it must be so

毎日のように口にする言葉が、ふとしたきっかけで奇妙なものに思われてくることがある。たとえば挨拶。「今日は」「さようなら」といった何気ない言葉が、その定型性を超えてもつ意味などを考えはじめると、いつか耳にした意味のとれない言葉を思いだしたときのように、胸の内が少しざわつく。

とりわけ、「ありがとう」という言葉は奇妙だ。辞書を引くと、「《形容詞『ありがたい』の連用形『ありがたく』のウ音便》感謝したり、礼を言ったりするときに用いる言葉」（大辞泉）とある。とすれば、その日常的な用法の奥底にあるのはおそらく、この言葉が用いられるべき状況や対象がそもそも「有り難い」こと、稀有なものであるにもかかわらず生じていることへの驚きや感嘆なのだろう。

誰しもが日々口にする平凡な言葉の中に、「ある」ということへの驚きが含まれているとしたら。それは、非日常的な出来事への驚嘆というよりも、この日常が日常としてあること、自分と誰かとの関係性がそのようなものであること、自分自身の生がこのようなものであることへの驚きと不思議さをその底に宿した言葉であるのかもしれない。それはまた裏を返せば、そうした日常や関係性や生そのものが、永遠には有り難いもの、いつ儚く消え去るかもしれないものとして感受されていることを示唆してもいる。

そんなことを思いついたのは、歌人である穂村弘の短歌論を読んだときだ。近代以降の短歌は無限にかたちを変えつつ、ただひとつのものを表現していると穂村は述べる。その「ひとつのもの」とは、端的にいえば生の一回性であり、かけがえのなさであると。彼はまた、詩人と引き比べて歌人の多くはすぐれて庶民的(「歌人の頭は庶民、ハートは庶民の十倍も庶民」)であると言い、その庶民性の根本にあるのは、「田舎のおばあさんなどが、何にでも『ありがたい、ありがたい』と手を合わせるあの感覚」であると述べている。

つまり、短歌がかたちを変えて表現しつづける根源的なモチーフとは生のかけがえのなさであり、それはあらゆる物事の中に何かの恩寵をみて驚くような、「有り難さ」への庶民的な感性に根ざしている。その背面にあるのはおそらく、私とあなたが今こうして生きていること、恩寵を宿したものたちが存在していること、そうしたことどもの儚さへの気づきであり、その消滅への予感でもあるだろう。短歌とはだから、縷々変転する生と、万物をあらしめ、また無からしめる何ものかへの祈りでもあるのかもしれない。

ひるがえって近年の人類学では、存在や実在が盛んに論じられている。それらの議論のいくつかが提起しているのは、近代合理的な観点からみて「ありえない」と思われるような事柄——たとえば霊魂や妖術といったもの——について、近代人である「私たち」とは異なる「彼ら」の存在論的世界では「ある」ものとして考えよう、という姿勢だ。「私たち」はそうした現象を現実的なものとして感知することができないが、「彼ら」にとってはそうではない。だから、「私たち」はそんなものは存在しないと決めつけるのではなく、かといって自分たちにとっても実在しうると想定するのでもなく、そうした現象が存在しうるかどうかについては「彼ら」の自己決定に任せなくてはならない、と。

こうした議論において無意識のうちに前提とされているのは、「ある」ということへの肯定感と、物事をあらしめる人間の力への（いまだ失われていない）確信ではないかと思われる。私たちにとっての夢幻は他者にとっての現実であるかもしれないのだから、私たちはその実在性を認めつつ、その有無に関する判断は他者自身に委ねよう。「ある」ことの肯定はこのように、西洋近代的なそれとは異なる他者の存在論的世界の尊重と肯定に直結しているのだが、同時に、ある現象が現実的なものとして存在しうるかどうかを誰かが決定できるということが前提とされている。

それはいいかえれば、精霊であれ妖術であれ、現実にはありえないとされてきた物事をこの私が、否あなたこそが、あらしめることができるという見方であるように思われる。対して、先にみた「ありがたい」という言葉の奥底にあるのは、「ある」と見えるものでさえ「ない」のかもしれず、現《うつつ》はいつでも幻になりかわるという感覚ではないだろうか。確固としてあるものは何もなく、だからこそ平凡な事物が、周囲の何くれが、私とあなたの生がそのようなものとして「ある」ことに何度でも驚き打たれ、畏れながら祈り、歌として表現する。人による自己決定の対象とはなりえない、幻と現、無と有の絡まりあった流転への気づき。それは生と存在の偶有性を感受することであり、「私が在る」という以前にその存在が与えられており、「私が無い」という以前にその存在を奪われているという、能動とも受動ともつかない生のあり方に内在する態度なのかもしれない。

飛行家であり、文筆家でもあったアン・モロー・リンドバーグは、北極を経由した日本と中国への調査飛行を綴った著書の中で、日本語の「さよなら」という言葉について書いている。「Good-by（神がともにありますように）」をはじめとする西欧諸語の別れの言葉とは異なるニュアンスを、彼女はこの言葉の中に感じとっている。そこに込められているのは、「そうならなければならないなら」という想いなのだと。そうならなければならないなら。何が？……私とあなたの生が、出会いと別れが。

それは、「ありがとう」というもうひとつの平凡な言葉にはらまれた意味、今ここにこうしてあることへの驚きに打たれながらもその消失を予感し、畏れ、祈ることと対になった言葉であるように思われる。無と有が縒りあわされた糸のように表裏一体であること、その流転が誰の手をも離れた事柄であることへの感受性。それがごく日常的な、誰しもが何気なく口にする言葉の中にはらまれているということ。それは、ことさらに東洋的や日本的と呼ばれうるような、あるいは欧米の諸文化からみた他者性を示すような何かであるのだろうか？　それはむしろ、「ある」ことや存在しつづけることに至上の価値をおくような見方の陰にありながら、誰しもがふと抱くことのある感慨ではないだろうか。

夜は歌い手たちへの伝言をのせてやって来た。夜の帳《とばり》が降りたとき、これはいったいどのような死だというのか？［……］かくして彼は去りゆき、皆は黄泉の国への旅に出た。墓を掘る人びとにこう言いのこして。「生まれてきた者は、誰もが死ななくてはならない。だから私はこの太鼓を、まだ生きている人びとに残していこう」

（オブリティマ村、エウェ民族の葬式講キンカの歌）

かつて暮らしていたガーナの村で、人びとは誰かが亡くなると太鼓の音に合わせて踊り、死者を送る歌を賑やかに歌いつづけていた。幼子を背負い、汗を飛び散らせ、全身を激しく振り動かして。まるで、絡まりあった死と生のための祭りででもあるかのように。そうならなければならないのなら。そうならなければならないからこそ。

「さよなら」についての洞察を書き綴ったアンは、その数年前に幼い息子を失うという辛苦を経験していた。彼女はまた、調査飛行中に不時着した国後島《くなしり》で出会った漁師との交流を描いた文章の中で、arigato という言葉についても触れている。漁師は初め、彼女の発したその言葉の意味を理解できずにいたが、最後の最後に顔を輝かせ、「ああ、ありがとう、ありがとう！」と叫んだ。

それは、共通の言葉をもたない者同士が一瞬の閃きのように通じあった、稀有な瞬間であったに違いない。「さよなら」と同じように、もしもアンがこの言葉に込められた意味への洞察を書き残していたとしたら、それはどんなものになっただろうか。そのシンプルな言葉の響きがもたらすもの、それは彼女にとって、人と人の奇跡のような一瞬の出会い、分断を越えた閃きのような生の交錯であり、何気なくささやかな出来事の中にはらまれた、互いの生の有り難さであっただろうか。

穂村弘 二〇一一『短歌の友人』河出文庫。
リンドバーグ、アン・モロー 二〇〇二『翼よ、北に』中村妙子訳、みすず書房。

V

世話とセワー

その木戸を開けた瞬間、いつも独特の光と匂いに包まれる。土と木々の香り、木製の遊具や建具の匂い、たくさんの生き生きした小さな人たちの醸しだす気配。光の粒子が柔らかくあたりを満たす中で、闊達であたたかい声が、よく働く手と注意深いまなざしが、落ちついた秩序をつくりだしている。統制するためではなく、大切なものを守るための秩序。その小さな場所にはいつも、風や光が滞ることなく流れている。それは絶えず動きまわり、変化していく子どもたちが生みだす流れであり、彼らをとりまく大人たちが育んできたものでもある。

共同体や地域というものについて考えるときにいつも立ち戻るのは、そうした保育園の情景だ。東京と京都で、長女と次女がそれぞれ六年間を過ごしたふたつの保育園には、どこか共通した雰囲気があった。あの場所の独特のあたたかさ、しなやかな強さをつくりだしていたものは、いったい何だったのだろう。

そこにいた誰も彼もみな、いつも必死で真剣で、なおかつ笑いにあふれていた。その必死さや笑いは確かに生活に根ざしていて、その強さは自分よりも大切な誰かとなりふりかまわずとっくみあいながら、そうした誰かを懸命に守り育てる日々の連続から生まれてくるものだ。その場所はだから、生き生きした小さな人たちを真ん中にした共同体としてあった。けれどそこはアジールでもユートピアでもなくて、否応なく制度の中に位置づけられた場所でもある。だから時に、そこは小さな人たちの日常を守るために声をあげ、たたかう運動の最前線にもなった。

自分ではない誰かの生のために動くこと、世話すること、巻きこまれること。そこから生まれてくるつながりと共同性。そうした事柄について、多くの人類学者たちが言葉を紡いできた。その共同性の真ん中にいるのは、たとえば子どもだったり、年老いた人だったり、病いや障害を抱えた人たちであるかもしれない。弱いもの。周辺におかれたもの。そう見なされるかもしれないひとりひとりがそこにいて、生きて行為することが、また別な巻きこまれとつながりを生みだしていく。

人類学者の猪瀬浩平は、彼が長年かかわってきた福祉農園に出入りする人たちと、その先駆者たちの魅力あふれるエピソードを綴っている。車椅子で国道をひた走って大渋滞を巻き起こし、駅員におんぶされて目的の電車に乗りこむ橋本さん。ファストフード店でマニュアル通りに訊かれた「こちらでお召し上がりですか？」という言葉に満面の笑みで頷き、アルバイトの店員を食事の「介助」に巻きこむ藤崎さん。そうしたエピソードのひとつひとつはごく真摯に語られたものでありながら、愛情のこもったおかしみと爽快さを連れてくる。普段は隠されている、ネガティヴさや恥とされがちなもの。弱さや不完全さと見なされるもの。それらをひっくるめて人と人が結びつくところの、なりふりかまわなさと愛おしさ。そうした関わり方があるのだと気づくことで、無味乾燥な日常に光が差しこみ、風が通り抜けるような気がするのだろうか。

人を含めた生きものを「パトス的なもの」としてとらえる見方を提起したのは、ドイツの医学者であるヴィクトーア・フォン・ヴァイツゼッカーだ。パトスという言葉は情動や受難を含意するが、ここではそれぞれの生きものにとっての、「生きる」ということの偶有性やままならなさを意味している。パトス的であるということは、あるものの実存が措定されているというよりも受けとられているということをあらわしている、とヴァイツゼッカーは述べる。人を含めた生きものは、我知らずその生命を受けとっている。同時にその生きものの存在は、周囲のものたちによって受けとられてもいる。そうして関係性の中に身をおき、生命を受けとり、また受けとめられることを通して、それはただそこに「ある」のではなく、「いる」ものとなる。そして、何かが「いる」ことはそれだけで、周囲とのさまざまなつながりと作用を生みだしていく。

ひょっとしたら、私が長らくみてきた憑依という現象もまた、そうしたパトス的なあり方のひとつとして考えることができるかもしれない。突発的な憑依を受けた人は最初、その力に対処することができず、混乱状態に陥る。周囲の人びともみな、憑依の力に否応なく巻きこまれる。そして彼らは徐々に、制御できない圧倒的な力を受けいれ、その力の源泉たる神霊と折りあいをつけながら、それを世話する方法を身につけていく。そうやって受けとめられることで、不可解な力は神霊の仕業としての意味をもち、神霊はそこに「いる」ものとなる。予測できない偶有的な力でありながら、その実存は人びとの手に託されてもいる。

こんな風にパトス的な存在として誰かが、あるいは何かが「いる」ということと、それが受けとめられているということは不可分である。たぶんそれは、〈世話する〉という行為とも深く関わっているのだろう。子どもを、年老いた人を、不具合を抱えた人を、憑依された人を、あるいは神霊や死者を世話するということは、ただ「ある」のではなく「いる」ものとして相手をつながりの中に住まわせ、その力を受けとることだ。それは能動（世話する）と受動（世話される）という関係性を必ずしも意味しない。他者を巻きこみ、動かすパトス的な力をもった何ものかがいること。誰かがその力を感受し、応答すること。つながりの連鎖は、そこから始まる。

〈世話する〉ということを考えるとき、インドでの調査地である南カナラ地域の言語、トゥル語のセーウェ（*sēvɛ*）という言葉をいつも連想する。その語源はサンスクリット語のセワー（*sevā*）で、神などへの奉仕や献身を意味する。興味深いのは、この言葉の語根である*sev*が、「とどまる、そばにいる」という意味をもっていることだ。世話をすることは、つまりそばにいること。それが神霊であれ、他の何かであれ、パトス的な存在と関わりあってその世話をすることは、全能の神に仕えることではなく、相手の偶有性とままならなさにつきあい、そばにとどまることなのではないか。ときに予測不可能で、理屈では説明できず、独特なテンポをもつもの。そのわからなさとままならなさこそが、さらなる巻きこまれとつながりを生みだしていく。

人と人のつながりからなる小さな共同体の真ん中には、たぶんそうしたささやかなカミサマたちがいる。それは神像だったり、子どもだったり、どこかに不具合を抱えた人であったりするかもしれない。その実存に巻きこまれることは、そのパトス的な力に感応し、動かされるように動くことだ。それはきっと、みずからの内にあるパトス的な力と、そのままならなさに気づくことでもあるにちがいない。


猪瀬浩平(著)、森田友希(写真) 二〇一九『分解者たち——見沼田んぼのほとりを生きる』生活書院。

ヴァイツゼッカー、ヴィクトーア・フォン 一九九五『生命と主体——ゲシュタルトと時間/アノニューマ』木村敏訳、人文書院。

—— 二〇〇四『ゲシュタルトクライス——知覚と運動の人間学』(新装版第三刷) 木村敏・濱中淑彦訳、みすず書房。

ささやかで具体的なこと

日が昇り、だんだんと気温が上昇しはじめる頃、蝉たちが一斉に鳴きはじめる。耳を聾するような蝉の声と金色の光。夏に死者たちが還ってくるのはなぜなのだろう。熱気と生命力に溢れた夏の日のはじまりに、胸の底でぼんやりとそんなことを考えている。日の光が強いほど影が濃くなるように、生命が沸き立つほどに死が近しいものに感じられるからだろうか。

ここ数年、夏の早朝にそんなしんとした心持ちを覚えることが増えた。それはあの夏の日に、小さな女の子が亡くなってからだ。

今年もまた、娘の通う小学校では小規模な追悼の集いがもたれた。校庭の隅に植えられた「はなちゃんの木」の前に献花台が置かれ、先生や保護者や子どもたちが花を手向けて黙祷を捧げる。六歳の少女の命を奪ったプールでの事故について、学校長があらためて謝罪し、二度とこうした事故を起こさないと誓う。追悼と反省と決意の表明。亡くなった少女の姿は、彼女の名をつけられた可憐な樹木に託される。そうしてその樹は、少女の生命を守ることができなかった大人たちの悔恨と、安全への誓いを象徴するものとなる。

同じ頃、少女の家では、両親の手になるささやかな儀礼がひっそりと行われていた。花々に囲まれた少女の写真と、遺骨の入った綺麗な桐箱。少女の母は、蓮のかたちをしたろうそくに火をともし、線香をあげて静かに手を合わせる。黙って祈りを捧げた後、ふと手を伸ばして桐箱を何度かさすり、こちらを向いてそっと微笑む。それは母の顔であり、桐箱を撫でる手つきは我が子の髪や頬に触れる母の手つきだ。少女の居場所であるこの家では、彼女は何かの象徴ではなく、追悼の対象でもない。彼女は母の手で優しく触れられ、世話を焼かれ、慈しまれる子どもとして、まだそこに存在しつづけている。その親密さと愛おしさ。ふいに台所の扉が開いて、顔いっぱいに笑みを浮かべた少女がいまにも入ってきそうな気さえする。

もういない、でもまだそこにいる。そうしたものとして、少女の存在を感じること。もういないということの、生々しく疼きつづける痛みの中で、それは手放しがたいかすかなつながりであり、よすがでもあるだろう。それは、この日常の秩序の中で何らかの意味を付与された象徴として、死者を祀ることとはまったく別なことだ。愛する者の死を境にして戻るべき日常を失い、時間の経過すら意味をもたなくなった遺族の過ごす日々のなかで、それはごく私的でありながら、切実でアクチュアルな、そこにあるつながりである。

神霊、精霊、祖霊、そして名もなきさまよえる霊たち。人類学者の著す民族誌には、さまざまな霊的存在が登場する。現地の人びとにとっての精霊信仰の意味。神霊祭祀や祖先崇拝の社会的機能。西洋近代的な存在論とは異なる、独特な存在論のしるし……。そうした霊的なものたちについて、さまざまな説明や解釈がほどこされ、終わりのない議論が繰り広げられてきた。そうした議論や分析はしかし、ひとりひとりの生の中にそっと現れ、触れるともなくそばにいるような、そんな異界の者との交わりを捉えきれていただろうか。この日常の秩序や論理によってはもはや説明することも推しはかることもできない生の断裂と絶望の中に、うっすらと浮かびあがるひそやかな別の場所。その場所にいっとき身をおくことによってしか自分を支えられないような、そんな切実さを他者がすくいとることは可能なのだろうか。

ロシア文学者の中村唯史は、京都大学新聞に寄せた文章の中で、シベリアの収容所で亡くなった伯父のことを書いている。戦後まもなく、伯父の生死に関する確かな情報が得られない中で、それでも彼の親兄弟はその死を悟っていた。その理由のひとつは、伯父の母である著者の祖母がみた夢だった。一九四六年三月八日の朝、祖母は自分のもう一人の息子である著者の父に、次のように話したという。「今朝、登〔伯父〕が出征の時と同じ絣の着物姿で、すっと仏壇の中に入っていく夢をみた」と。そして彼女はこう呟いたという。「死んだかねえ……」

それから長い年月が経ち、著者はロシア政府から日本側に委譲された日本人捕虜抑留者関連資料の中の、伯父に関する記述を読むことになる。そこで彼が目にしたのは、伯父がチフスと栄養失調のために、一九四六年三月八日の早暁に亡くなったことを記した医師の手書きのカルテだった。そのことを自分の父に伝えたときのことを、中村はつぎのように書いている。

以上のことを電話で伝えると、父は少し黙った後で「最低限でも、ともあれベッドの上で治療を受けられたのなら、まずよかった」と言い、伯父の死亡時刻と祖母の夢の時刻との一致については驚かず、「墓の命日を彫り直さなくてもすむな」とだけ付け加えた。父にしてみれば、自明のことだったのだろう。

日常的な秩序が破綻し、みずからをとりまくものすべての意味が失われてしまったような生の断裂の中にあるとき、人はただじっと立ちすくんで虚無を見つめているようにみえるかもしれない。他者の目には映らないその断裂の中に、ふと予兆のように、幻のように、懐かしい者の面影は現れる。それは驚くべき経験であるというよりも、ごく私的でさりげなく、それでいて自明と感じられるほどにアクチュアルな出来事でもあるのだろう。そうした事象を、中村はアンリ・ベルクソンの言葉を借りて、「具体的なもの」と呼んでいる。

ひとりの生者とひとりの死者がとり結ぶ、幽かで親密なつながり。数字に置き換えられた犠牲者の一人としてではなく、一義的な意味を付与された象徴としてでもなく、そこに現れてくるのは、確かにここにいた――そしてなお〈ここにいる〉――その人の生であり、かけがえのなさであり、その存在の不分明さでもある。

日常という地盤にひらいた断裂をそのままに、喪われた者たちの声を聴きとり、その気配を感じつづけること。彼らの訪れを待ちつづけること。

ひとつひとつの具体的なものから、考えていくしかない。降り注ぐ蝉時雨と光の中を、弾むように歩いていく娘の後を追いながら、そう強く思った。

中村唯史 二〇一六「たとえば伯父の短い生涯という具体的なこと」『京都大学新聞』(http://www.kyoto-up.org/archives/2491 二〇一八年八月四日閲覧)

ベルクソン、アンリ 二〇一二『精神のエネルギー』原章二訳、平凡社ライブラリー。

台所の哲学

精霊の司祭であるナナ・サチの家の裏手には、小さな台所小屋が立っていた。煙で燻されて黒くすすけた小屋の中には、粘土づくりのかまどがひとつ。隅には乾燥させたモロコシが積み上げてある。ヤムイモを杵で搗いて主食のフフをつくるときには若い男性が搗き手になるが、そのほかの台所仕事はすべて、サチの本妻のシスター・オブオと、この家に住む十代の少女たちが担っていた。彼女たちは朝な夕な、モロコシの粒をもぎながら、油椰子の実を煮こみながら、裏庭や台所小屋でおしゃべりに興じる。かまどのまわりは、基本的に「おんなこども」の領域だった。

できあがった食事はいくつもの器によそわれ、家の住人たちに配られる。家長であるナナ・

サチ以外は銘々の皿で食べるわけではなく、青年は青年同士、子どもは子ども同士で集まって、ひとつの器から手で食べる。子どもたちの食事の様子をみるたびに、ひそかに感心させられることがあった。みな旺盛な食欲をみせながらも、ほとんど同じ速さで食べ進み、ほぼ同時に「もうお腹いっぱい」といって皿から手をひっこめる。それぞれが好きなだけ食べているようにみえて、結果的には見事に平等に分けあっている。そのふるまいのスマートさ。子どもたちの食事風景は、さりげなくも徹底的に身体化された共生のあり方を表しているようにみえた。

食べることにはこんな風に、人と人、個と集団の関係性が凝縮されている。共食や分配に関する人類学的研究は少なくない。それはきっと、ともに食べることや分けあうことに普遍的な価値が見いだされてきたからだろう。その一方で、極限的な状況において、「食べること」がいかなる様相を呈するのかを主題とした研究もある。ウガンダ北東部のイク社会で調査を行ったコリン・ターンブルは、大旱魃にみまわれ、飢餓に襲われたイクの人びとが、生き残るために近親者の死をも厭わない熾烈な争いをくりかえす状況を報告している。この著作は、さまざまな批判を受けながらも、極限状況において「ともに生きること」は可能なのかという重い問いを投げかけている。

太平洋戦争末期の北海道を舞台に、「食うこと」をめぐる人間の葛藤を描いたのは武田泰淳だ。真冬の羅臼《らうす》沖で難破した船から岸に泳ぎ着いた乗組員たちは、寒さと飢えの中、死んだ仲間の肉を食うか、それとも食わずに餓死するかという選択を迫られる。躊躇する乗組員の一人に、船長はつぎのように迫る。

おめえ、華々しく戦死して金鵄《きんし》勲章さ、もらいたくはねえのか。〔……〕俺たちが、どれくれえ日本陸軍に必要な人間だか、そんなこと忘れたんでは、ねえべな。〔……〕このままでいれば、どうでも俺たちは死ぬだぞ。〔……〕ただ腹すかして死ぬんなら、任務も責任もあったもんでねえわさ。もう一度船さ乗って、御国のためにつくすこともしねえで、気い弱くして、飢え死する。そんなこた、なまけ者でも卑怯者でも、できるこったからな。(『ひかりごけ』)

ここで語られているのは、自分が生き残るために他者を犠牲にするというわかりやすい利己主義の論理ではない。みずからがそのためにこそ死すべき共同体のために、一部の者を犠牲にすることは仕方がないというレトリックだ。他者に分け与えることを促すかわりに、この共同体は船長の口を借りて、「生き延びろ、しかるのちに死ね」と命じる。顔のみえない全体のために負うべき食人の罪。その行為は、だが共同体への忠義と自己犠牲へと読み替えられている。極限状況である戦時下において、誰もが利己心のゆえにではなく、むしろ連帯と自己犠牲の精神ゆえに同じ罪を犯していたことを示唆する結末は衝撃的だ。そうした状況においてなお、顔のない共同体の要請から逃れて「ともに生きること」を考えることは、可能なのだろうか。

その半生を描いた随筆の中で、宇野千代は戦時中に胡麻油の缶を運んだ体験を綴っている。鮨詰めの汽車に乗って家族の元に向かう途中、空襲警報が鳴り響き、汽車は急停止する。もし焼夷弾が落ちてくれれば、油を背負った彼女の体はたちまち黒焦げになっただろう。「恐くはなかった」。その時の感覚を、宇野はそう語っている。

> 油に火のつくのも恐れずに、私は油を運んだのか。家族の者たちの喜ぶ顔を見るために、私は油を運んだのか。
> 私はその瞬間に、いま戦場では弾に当たって死んで行く、最愛の息子たちを持った幾百の家族たちのあることを思い出していただろうか。(『生きて行く私』)

この自問の答えは、しかし彼女にはどうでもよいことであったにちがいない。自分のためにではなく、まして社会のためにでもなく、ただ「食べさせたい」という衝動に駆られて彼女は走りだしている。

戦時中に十代の少女だった向田邦子もまた、東京大空襲の翌日、焼け残った家の中で食べた昼餐の思い出を書き記している。昨夜の余燼がくすぶり、隣の医院にはつぎつぎと負傷者が運びこまれる。そんな中、なけなしの食料でこしらえたご馳走を「泥人形のようなおやこ五人が車座になって食べた」。「母はひどく笑い上戸になっていたし、日頃は怒りっぽい父が妙にやさしかった」(『父の詫び状』)

いずれも戦時下の、極限状況であったことに変わりはない。それでも彼女たちの筆致に滲み出ているのは、誰かのためでありながら、顔のみえない共同体の強制によるのではない「食べる／食べさせる」という営みの底力だ。暮らしの中で保たれつづけるつながりと、その中にあって独自性を失わない〈個〉としての感覚が、そこには垣間みえる。食事をともにする人たちとの関係性の中にありつつ、なお〈個〉としてあること。それはひょっとしたら、食事をつくる相手のことを常に心に留めながら、孤独でもある台所仕事によって培われる態度であるのかもしれない。

オート・ヴォルタの村に長く暮らした人類学者の川田順造は、薄暗い小屋の中で粉を碾きながら、胸に秘めた恨みや哀しみを歌いつづける女性のエピソードを記している。そういえばシスター・オブオも、食事のしたくをしながら夫への不満や日頃の鬱憤を吐きだしていたものだった。その一方で、台所小屋は女性たちが寄り集まり、皮肉や諧謔をふんだんに交えておしゃべりしあい、笑い興じる場所でもある。

誰かのために、食事をつくりつづけること。それは暮らしの根本にありながらも、いつも舞台裏にあり、隅っこにある。顔のみえない「全体」の論理とは異なるものの見方と感受性が、そこでは息づいている。気遣いとユーモアにあふれ、少しだけ意地悪でもあるような感受性が。つながりの中にありながら、なお独特な〈個〉でありつづける人の居場所である台所から、ともに生きることを考えはじめてみたい。

宇野千代 一九九六『生きて行く私』角川文庫。
川田順造 一九九八『聲』ちくま学芸文庫。
武田泰淳 一九六四『ひかりごけ』新潮文庫。

ターンブル、コリン 一九七四『ブリンジ・ヌガグ——食うものをくれ』幾野宏訳、筑摩書房。
向田邦子 二〇〇六『父の詫び状』文春文庫。

リベリア・キャンプ

西アフリカに位置するリベリアでは独立以降、二度の内戦によって多くの人びとが死傷し、周辺諸国に難民として流出した。私がガーナで調査を始めた一九九九年当時、首都アクラの近郊にあった難民キャンプでは、第一次内戦（一九八九—一九九六）と第二次内戦（一九九九—二〇〇三）の戦禍を逃れた多数のリベリア人が暮らしていた。ガーナ人の友人、ニッキーの義理の兄も、そうしたリベリア出身者の一人だった。これは、私がガーナに渡航して間もない頃、ニッキーとともに難民キャンプを訪れたときの記録である。二〇一二年、UNHCR（国連難民高等弁務官事務所）がリベリア難民の地位の終止（cessation of refugee status）を宣言し、キャンプへの支援を縮小して以降、ガーナに暮らすリベリア出身者の生活状況はより困難なものとなっている。

＊

ブドゥブラム　一九九九年

私たちはバスを降りて、だだっ広いグラウンドに向かった。

すでに幾重もの人垣ができている。楽隊の太鼓の音、続々と行進してくる緑のスカーフにサングラス、白いユニフォーム姿の若く逞しい男の子たちと女の子たち。ピストルが鳴り、群集が歓声をあげる。賑やかなお祭りの雰囲気。

ニッキーの姉さんは黒砂糖を煮詰めたお菓子を買って、小さな息子と私に分けてくれる。人ごみに押されて前もみえない。うっかりしていると迷子になりそうだ。義兄さんは小さなジョーを肩車してパレードを見物している。

空は青い。国旗がひるがえり、祝砲が炸裂する。

今日はリベリアの独立記念日。

義兄さんの「従姉」だという女性がキャンプの中を案内してくれる。

ここで五年ほど暮らしてたの。キャンプはなかなかいい所よ。普通の村と変わりゃしない。家も、水も、トイレも何でもある。

彼女は合衆国へ渡るためのビザを待っている。何千もの人びとが同じように待っているのだ。義兄さんのようにガーナで職をみつけて結婚する人も少なくない。

道端のキオスク、食堂、市場を通りすぎる。食物の匂い、さまざまな匂い、鶏の鳴き声。砂地に反射する光線が眩しくて目の奥が痛くなってくる。

教会の前を通りすぎる。五、六人の男女が輪になって手をつなぎ、ひとりの女性を囲んで祈っている。祈りだろうか？……言葉にならない音・音・音の破裂、鋭い叫び声。失神した女性が教会の中に運びこまれる。

彼女は脚を、くるぶしを撃たれたの。傷が癒えるように皆で祈ってるのよ……。

ひたすらにつづく砂の道。樹木の陰で子どもたちが遊んでいる。ニッキーがカメラを向けると母親が走り出てきて駄目！　駄目！　と激しく叫ぶ。

義兄さんの知り合いの家を訪ねる。年とった女の人が、ホウレンソウと豚の皮を煮た料理をご馳走してくれた。それと一緒に何を食べたのかは忘れてしまった。

不意に、救急車のサイレンが響きわたる。サイレンは緩慢に唸りつづけるが、救急車は一向に現われない。この砂の路地を、ゆっくりとどこへ向かっているのか。

義兄さんが近所で事情を訊いてきた。どこかの家で、男の子が死にかけている。その子は高熱にうなされながら、撃たないで、撃たないで、とくりかえしていたと。

義兄さんと小さなジョー、ニッキーと私で一軒のバーに入った。コカ・コーラを注文し、ぼんやりと店の中を眺める。

青い壁。暗い隅に向こうをむいて坐っている男。帽子を目深に被り、頬ひげを生やしている。その頬はげっそりとこけ、帽子の下から斜めに巻かれた包帯が片目を隠している。開襟シャツにぼろぼろの黒いジャケット、一昔前のジャマイカン・ギャングみたいな格好をしている。店に流れている音楽に合わせて体をゆすり、透明な液体を大事そうにすすっている。

義兄さんのもたれている壁に、ひときわ大きくアフリカの絵が描かれている。花咲く青いアフリカの絵。大陸の真ん中には見開かれた大きな瞳がひとつ。その瞳からさんさんと大粒の涙が流れ落ち、海の中にしたたっている。

義兄さんは小さなジョーにストローでソーダを飲ませている。

ここにやって来たとき、僕はなにひとつ持ってなかった。親も兄弟も四散して、誰一人知り合いもいなかった。でもいまでは、この子がいる。この子は僕の息子であり、兄弟であり、親であり、友人であり……僕のすべてだ。

薄暗い店の中に、ホイットニー・ヒューストンの歌声が流れている。

'Cause your love is my love and my love is your love……

ナイヤビンギの詠唱のような独特のリズムで。

キャンプの果てには、荒れ果てた砂地が広がっている。なぜだかその先には線路が続いているような気がする。貨物列車しか通らない、錆びついた線路が。

斜面を降りていく男の影が砂の上に長く伸びている。もう太陽は傾き、空は黄色がかった光線を投げかける。男は松葉杖をついて、よた、よたと遠ざかっていく。地面についていないほうの脚が不恰好に空中で揺れる。逆光のなかで、その姿ははっきりと捉えられない陽炎のようだ。

キャンプの停留所で帰りのバスを待つ。

空は虚無そのもののようにただ広々とあかるい。

真島一郎　一九九三「リベリア内戦の展開」『アフリカ研究』四三号、七七―九七頁。

Omata, Naohiko 2012 Struggling to Find Solutions: Liberian Refugees in Ghana. *New Issues in Refugee Research*, Research Paper No. 234, UNHCR.

―― 2016 Forgotten People: Former Liberian Refugees in Ghana. *Forced Migration Review* 52. (http://www.fmreview.org/solutions/omata.html　二〇一九年四月十六日閲覧)

Owusu, Maxwell 2000 Reluctant Refugees: Liberians in Ghana. *The Journal of the International Institute* 7 (3). (http://hdl.handle.net/2027/spo.4750978.0007.302　二〇一九年四月十六日閲覧)

追悼されえないもの

ガーナの村で暮らしていた頃、日課のように近所の森を散歩していた。薄暗い森の小径を歩いてゆくと、犬を連れた農夫や、薪を頭に載せた女性たちによく行きあった。そんなある日、森の奥でひとりの老人に声をかけられた。

「あんたは、日本人か?」

はい、と答えると、老人はやっぱりな、と言葉をつづけた。

「わしは若い頃、日本兵と戦ったことがある。ビルマのジャングルでな。日本兵はとてもすばしこくて、それは手強いもんじゃった……」

にわかには事情をのみこめずにいる私に向かって、クウェクという名のその老人は、ビルマでの生活や帰路の船旅での出来事を、問わず語りに語りつづけた。

それにしてもなぜ、ガーナの森の奥に住むクウェク老人が、ビルマにまで赴いて日本軍と戦わなくてはならなかったのか。その背景には、宗主国と植民地の関係がある。第二次世界大戦当時、ゴールドコーストはイギリスの支配下にあった。イギリスは植民地から多くの兵士を徴兵し、自国の敵と戦わせた。列強同士の衝突の中で、二十歳そこそこの青年だったクウェクはビルマに連れて行かれ、彼の人生においてそれまで何の関わりもなかった日本人と戦うことになったのだ。

幸運にも、クウェクは故郷に生還することができた。だが、彼が経験したのと同じ戦闘で命を落としたアフリカ人兵士は、数多くいたと思われる。長い船旅の途上で亡くなった兵士も少なくなかったかもしれない。そうした兵士の家族に、死の知らせは届いたのだろうか。誰かの手で、彼らは弔われたのだろうか。

そんなことを考えるとき、大叔父の墓のことが思い浮かぶ。祖父の弟である大叔父は、先の戦争に従軍し、年若い妻と生後間もない息子を残して戦死した。祖父母の家に行くと、ほの暗い応接間の硝子戸の中に、軍服を着た青年の写真が飾ってあった。そしてまた、親族の多くが眠っている古い墓地には、ひときわ立派な大叔父の墓があった。それは墓というより記念碑のように大きく、周囲の慎ましい墓を圧倒するかのように屹立していた。幼い頃、祖父母に連れられて墓参りに行くたびに私は、その威風に見合うように、大叔父の墓にはひときわ大きな花束を選んで供えていたものだ。

記念碑に刻まれた大叔父の死と、墓碑さえもないアフリカ人兵士の死。同じ戦争で命を落とした彼らの死は、どのように異なっていたというのだろうか。

無名戦士の墓を、近代ナショナリズムの表象として論じたのはベネディクト・アンダーソンだ。それは無名であるからこそ、無数の匿名の「国民」の象徴となりうる。だが、帝国によって徴兵された無名のアフリカ人兵士の死は、そうした国民的想像力の片隅にとどめられることさえも、おそらくはなかった。なぜならはじめから、その生は国家による承認を受けたものではなかったからだ。

ジュディス・バトラーは、そのようにあらかじめ差異化され、追悼から排除された生があることを指摘している。ある特定の生は、公に悲しむことのできる生として国民がみずからを承認するための象徴となり、他の生はそうなることができない。追悼されることのない生。「それは、そもそも埋葬することが不可能なもの、とは言わないまでも、初めから埋葬を想定されていない存在なのである」

国家的追悼の末端に位置づけられた大叔父の死と、追悼されえないアフリカ人兵士の死。バトラーが「悲しみの差異化」と呼んだ、公的な追悼の承認と黙殺の身ぶりによって引かれる境界線は、どのように問いなおされうるのだろうか。

茨木のり子の詩に、「木の実」と題された一篇がある。南洋で戦死した兵士の髑髏を引っ掛けたまま若木が伸び、それがまるで木の実のようにみえたという話をひきながら、茨木は生前、その兵士を愛していた者のまなざしに思いを馳せる。

小さな顳顬《こめかみ》のひよめきを
じっと視ていたのはどんな母
この髪に指からませて
やさしく引き寄せたのは　どんな女《ひと》
もし　それが　わたしだったら……

もし　それが　わたしだったら。その言葉は、国家によって引かれた境界線をよそに、生者と死者、〈わたし〉と〈あなた〉の交錯の中に私を導き入れる。

死と弔いをめぐる論考の中で川村邦光は、戦時中に靖国神社で行われた招魂の儀について書いている。この儀礼に参列した折口信夫は、皆が一斉に平伏する中、戦死者の霊を運ぶ御羽車が本殿へと進んでいくとき、ひとりの老婆がふと立ち上がったのを目にしたという。

> 心があるのか、心がないのか、立つたまゝぼんやり見つめられて居るやうな後姿が、目についたのであります。[……]無心に子供のやうな気持ちで、その御羽車の動いて行かれる様子を見つめて居られるのではないかと言ふ風に、私はふつと感じました。

こうした折口の印象に対して川村は、息子を亡くした老母の耐えがたい悲しみと憤りに思いを寄せている。もし　それが　わたしだったら。私もまた、ふと何かにつられるように立ち上がり、行列が通りすぎるのを見送ったことだろう。ただそこには、この「私」の悲憤というだけではすまない何か、個人の意志や感情を超えた巨大なものに抗えず、茫然とするほかない心境があるように思われる。

偶然を宿命に転じることこそが、ナショナリズムの魔術であるとアンダーソンは述べている。壮麗な儀礼の力をもって、ナショナリズムはその魔術を十全に行使する。だとすれば私たちは、墓を、記念碑を、追悼の儀礼を取り去った後に残るものに、くりかえし立ち戻らなくてはならない。

バトラーは、誰しもがもつ身体の傷つきやすさを承認することを、断絶を乗り越えるための手がかりとした。もし　それが　わたしだったら。その言葉は、傷ついたあなたの身体を受けとめるわたしの身体に宿っている。「もし」という言葉のもとで、あなたとわたしは入れ替わりながら無数の身体とつながっていく。

大戦がなければ交錯するはずもなく、だが戦地で出会っていたかもしれないアフリカ人兵士と大叔父の生は、幾重にも差異化され、あらかじめ分断されていた。それでもなおその生は、彼らを喪った者たちの悲嘆と慈しみをのりうつらせた〈わたし〉の身体を通して、いま一度、ひとしいものになる。

アンダーソン、ベネディクト 一九九七『増補 想像の共同体――ナショナリズムの起源と流行』白石さや・白石隆訳、NTT出版。

茨木のり子 二〇一四『茨木のり子詩集』谷川俊太郎選、岩波文庫。
折口信夫 一九七六『折口信夫全集』第二十八巻評論篇二、折口博士記念古代研究所編、中公文庫。
川村邦光 二〇一三『弔い論』青弓社。
バトラー、ジュディス 二〇〇七『生のあやうさ――哀悼と暴力の政治学』本橋哲也訳、以文社。
Killingray, David and Plaut, Martin 2010 *Fighting for Britain: African Soldiers in the Second World War*. New York: Boydell & Brewer Ltd.

VI

凧とエイジェンシー

お正月に実家に帰省して、近所を散歩していると、時おり凧揚げをしている人を見かける。刈り入れの終わった田んぼで、子どもが走り、大人が走る。はじめは地面と平行に引っ張られていた凧が、風をはらんで不意に浮き上がり、やがてぐんぐんと空に昇っていく。気流にのって昇っていく凧は、もはや黒い点のようだ。人と凧は細い一本の糸でつながれているが、凧はすでに人の手を遠く離れて、大空の中に抱かれている。

そんな凧についての興味深い話を、ある講演会で聴いたことがある。講演者は関谷滋さんといい、ベトナム戦争当時、鶴見俊輔さんらとともに脱走米兵の援助活動にたずさわっていた方だった。彼が加わっていた、ベ平連（「ベトナムに平和を！」市民連合）の活動の中に、米軍基地での抗議運動というのがあった。この運動に参加していた人たちは、基地のフェンスの中に向かって反戦のことばを呼びかけるだけでなく、滑走路の近くで凧を揚げることで、軍用機の離着陸を止めていたというのだ。

凧ごときで本当に軍用機が止まるのか、とも思うが、気流にのって上昇する凧の高度や、風向き次第で不意に乱降下する動きの予測できなさを考えると、軍用機にとって十分な脅威になりえたのだろう。実際、凧揚げは軍用機の離着陸を阻止するための有効な手立てだったらしい。

もちろん、凧揚げがこの講演の主題だったわけではなく、ちょっとした挿話として話されたにすぎないのだが、このエピソードは私に強い印象を残した。それというのも、どこかで似たような話を聞いたことがある、というひっかかりを覚えたからだ。講演の後、しばらくたって思いだした。ヴィッディヤさんだ。

ヴィッディヤさんは、私の調査地である南インドのマンガルールに住むインド人女性だ。はつらつとして美しく、知的で豪胆である。彼女は「社会運動家」として、よく新聞に取り上げられている。最近、人権運動における功績を讃える賞を受賞した。でも彼女自身は、そうした活動に巻きこまれている自分を、「余計なことをしているだけ」といって笑う。

そんなヴィッディヤさんと、彼女の活動について話していたときのこと。マンガルール近郊の農村部では近年、大規模な開発事業が進行している。森林や田園や村落を潰し、村人たちを土地から追いだして石油化学工場やダムやパイプラインを建設する。多国籍企業を誘致して、巨大な経済特区をつくりあげる。こうした計画が、政府の主導でつぎつぎと実行に移されつつある。

その一方で、地元では開発への反対運動も巻き起こっている。土地を追いだされ、生業を絶たれた農民たちが、あるいは工場排水による川や海の汚染に危機感を抱いた漁民たちが、デモや座りこみや裁判をはじめ、さまざまな手段で声をあげている。ヴィッディヤさんは、そのほとんどに関わっているのだが、こうした草の根の運動のひとつの例として彼女が挙げたのが、凧を揚げることだった。

マンガルールの海岸で毎年、国際凧揚げ大会というのが開催されていて、それは**ONGC-MRPL**（開発を推進している大企業）が後援しているの。大勢の参加者や見物人やメディアがやってくる。私たちはそこに出かけていって、凧をひとつ買うのよ。お金がないから、二〇ルピーくらいの小さい凧をね。その凧に、「経済特区反対！」と書いて、飛ばすわけ。そうすると、メディアがそれを報道してくれる。それは無駄なことではないわ。

そんなふうに、私たちはたとえどんな小さな機会であっても、この開発の問題をどうにかしてみんなの想像力の中心にもってこようとしてきたの。

軍用機を止める凧。開発反対のメッセージを運ぶ凧。時代も地域も、はるかに遠く離れている。それなのに、何かとても強大な力、個人の生をシステマティックに脅かしていく堅固で周到な力に抗するために、「凧」という同じものが用いられていることが、私には新鮮な驚きだった。なぜ、それにしても、凧なのだろうか。

社会学者のアンドリュー・ピッカリングは、「エイジェンシーのダンス」という概念を提起している。それは、人間とモノの行為の絡まりあい、あるいは対話的な相互作用を表す言葉だ。この言葉によって示されているのは、モノとの関係性の中にある人間の受動性でもある。たとえ、意志を備えた人間があるモノを作りだし、それを動かしたとしても、それで終わりというわけではない。完全には予測できないモノの作用や力を被りながら、人は自分とモノの双方のあり方を、互いの関係性の中でどうにか調整していかなくてはならないのだ。

関谷さんの凧の話を聴いて、ヴィッディヤさんの凧の話を思いだした私の頭に浮かんだのは、この「エイジェンシーのダンス」という言葉だった。科学技術を主題とした本来の用法からはかなりずれているかもしれないが、一本の糸で引き手とつながりながらも人間をはるか下界に残して、風の吹くままに流れ、上昇し、舞い踊る凧の姿には、この言葉がぴったりのように思えた。凧と、風と、人のエイジェンシーのダンス。それは偶発的で、非線形的で、予測不可能で、でも不思議と調和のとれた自由なダンスであるにちがいない。だからこそきっと、リジッドに制度化され、管理され、どこまでも人間による人間のための力の行使だけを目指すものに対して、そうではないかたちで対峙することができたのだ。

いや、「対峙する」という言葉もたぶん、浮遊する凧にはふさわしくない。凧はただ、風や、ぴんと張り詰めた糸の張力や、重力や、そうしたいくつもの力を受けながらさまよっていただけであり、その受動性が凧のエイジェンシーを生みだしていた。直線的に飛び立つ軍用機は、そんな凧のエイジェンシーとうまく絡みあうことができずに、止まるほかなかった。

そのとき凧は、「軍用機を止める」という以上のことをなしていたように思う。ひょっとするとそれは、線形的でリジッドで、強大なシステムによって作りだされたものとは違う世界のあり方を、その浮遊を通して人びとに想像させていたのかもしれない。

Pickering, Andrew 1995 *The Mangle of Practice: Time, Agency, and Science*. Chicago and London: The University of Chicago Press.

島で

ある冬の日、憑依と悪魔祓いをテーマとするシンポジウムに参加するために、ヴェネツィアの小さな島を訪れた。広場に面した船着き場に降り立つと、正面に白い教会がそびえている。その教会に隣接した、もと修道院だという古く美しい建物が、シンポジウムの会場だった。幾重ものアーチに支えられた回廊と、手入れの行き届いた中庭。天井の高い廊下には宗教画が飾られ、図書館の壁は蔵書で埋めつくされている。教会の鐘が時を告げ、木立の間を風が吹き抜けていく。そして、そのすべてが水上にある。塔の上から見晴らすと、眼下には満々と広がる水と、ゆったりと航行していく船。静謐で平らかな、中世の世界のようだ。

そんな世俗を離れた島の、重厚な調度に囲まれた一室で、悪魔祓いや精霊憑依をめぐる熱心な議論の輪に加わるというのは、かなり得がたい経験だった。それぞれのとりあげる事例や依拠する理論は異なっていながらも、独特の色調を帯びた場所で、皆の思考と言葉が絡まりあってひとつの物語を創りあげていくような。場所の魔法にかかったような、それは不思議なひとときだった。

島には店がないので、何かを買ったり、食事をとったりするためには船に乗って隣の島に渡らなくてはならない。隣の島にもまた壮麗な教会がそびえ、水路の張りめぐらされた古い町並の狭い路地に、店々が貼りつくように立ち並んでいる。街灯に照らされ、観光客が賑やかに行き交う路地を歩くうち、夢から覚めたような、浮世に戻ってきたような心持ちになる。

最終日の夜、メリンダとビルギット、マリアと私の四人で隣の島に夕飯を食べに出かけた。メリンダはアメリカの大学で宗教学を教えながら、スーフィズムについて研究している。ビルギットは日本の新宗教を専門とするドイツ人の研究者。そしてマリアは、ニカラグアのシャマニズムと精神医療について研究しているアメリカ在住の若手研究者だ。しばらく路地を散策した後、小さな広場の角にあるピザ屋に入った。賑わった店の隅の、狭い通りに面したカウンターに並んで座り、とりとめなくお喋りしながらピザをほおばる。ふと、メリンダが窓の外に目をやりながらビルギットに尋ねた。

——ああいう落書きはドイツにまだよくあるの？

みると、窓を隔ててすぐ目の前の壁に、黒いスプレーで「くたばれナチス」と書きなぐってある。

——うーん、まあね……。

ビルギットはちょっと黙った後、眉根を寄せて答える。

——でも、「くたばれナチス」っていうのはその通りだと思うわ。

そこから話題は自然と、それぞれが暮らす国の政治状況へと移っていった。

マリアは最近、中東を旅してアメリカに帰国した際に入国審査で引っかかり、所持品を逐一調べられ、くまなく身体検査をされるという経験をしたという。

——私はたぶん、一度ブラックリストに載っちゃったんだと思う。

カウンターに片肘をつき、その手でこめかみを支えながらマリアは言う。

——世界のあちこちを旅しているし、もともと中米出身だし。そんな人間が「危険」だとされる国に行ったとわかったら……。

でも、と彼女はつづける。

——気味が悪いのは、なぜそうしたことを彼らが逐一知っているのかっていうことよ。

数年前の大統領選挙のことに話が及ぶ。最初は冗談めかして合衆国の政治地図を分析してみせていたメリンダは、ふと思いだしたように、

――でもまさか、本当にこんなことになるとは思ってなかった。

と呟くと、目をしばたたいた。背が高く気さくで、キャサリン・ヘプバーンを彷彿とさせるはつらつとしたメリンダの涙に内心、少し驚く。大音量の音楽のせいでよく聞きとれないが、マリアとビルギットは共和党の勝利の背景について議論しているらしい。

――政治に巻きこまれることをどう思う、研究者として?

隣のメリンダに聞いてみる。

――そうね……ええ、私は関わりたいと思う。イスラーム研究者として、私には言うべきことがあるから。あの選挙以来、今まで政治的じゃなかった人たちも声をあげるようになった。私もささやかだけど、自分にできることをしてるわ。

このシンポジウムのテーマでもある精霊憑依は長らく、それに関わる人びとによる「文化的抵抗」のひとつとして論じられてきた。たとえばスーダンの憑依カルトについて研究したジャニス・ボッディは、精霊に憑依された女性たちの実践を、男性中心のドミナントな社会規範への異議申し立てや、急激な社会変化への応答として分析している。近代化と資本主義経済の浸

透、グローバル化にネオリベラリズム。憑依や妖術をはじめとする非西洋社会の宗教実践は、西洋近代に由来するシステムや論理や価値観の台頭によってますます周辺化されていく非西洋社会の人びと、とりわけ女性たちによる抵抗の表れとして、また同時に、そうしたドミナントな勢力へのオルタナティヴとして、くりかえし描かれてきた。

そうした抵抗論の論調に、私自身はこれまで、どこか違和感を覚えてきた。憑依であれ妖術であれ、人びとの日常生活やローカルな人間関係の機微の中で育まれ、営まれ、縷々変化していくものだ。そうした実践を、西洋近代に由来し、そこで問題視されているマクロな社会状況への抵抗やオルタナティヴとして論じることは、分析者による過度の読み込みであり、非西洋社会に生きる「彼ら」の実践を鏡として西洋社会に生きる「私たち」の立ち位置を確認しようとするような、ともすればナルシシスティックな視座であるように思われた。

そんな抵抗論の変遷を、シェリー・オートナーがまとめている。オートナー自身は一九七〇年代からフェミニスト人類学を牽引し、抵抗論を批判的に検討してきた人類学者だ。そんな彼女が最近著したレビューから読みとれるのは、一九八〇年代に抵抗論が一世を風靡した後、さまざまな批判を経て下火になり、ふたたび二〇〇〇年代になって、異なるかたちでリバイバルしているという状況だ。オートナー自身が明示的にそう述べているわけではないが、この抵抗論のモードの変化は、次のように要約できるのではないかと思う。

From *their* resistance to *our* protest.（「彼ら」の抵抗から「私たち」の異議申立てへ）

つまり、現代の抵抗論が相手にしているのは、フィールドに生きる「彼ら」の苦悩や葛藤や抵抗であるばかりではなく、それぞれの政治状況に否応なく巻きこまれている自分たちのそれでもある。彼の地と此の地が地つづきであり、私たちは確かに同時代を生きていて、ともに薄氷の上にあるという危機感。差異が消えたわけではなく、不均衡は存続しながらも、ただ調査をする側にあると思われた「私たち」が、内省やシニシズムやロマンチシズムに陥るのではなく、みずからの必然として運動に巻きこまれながら、その場所から思考と言葉を紡ぎだそうとしている。

From their resistance to our protest.

そのとき、かつての〈彼女たち〉は〈私たち〉と重なりあい、かつての〈私たち〉は幾分か〈彼女たち〉に似ているだろう。たとえ幾分かではあっても。

別の参加者と飲みにいくというビルギットとマリアを残して、メリンダと一緒に港に戻り、島に戻る船に乗りこむ。暗い水面に町の灯が反射している。

不意に、今こうして一緒にいることの不思議さを感じる。それぞれが別の国に暮らし、それまで見も知らぬ間柄であっても、共通の問題を抱え、言葉と経験を共有できるということの不思議。日々の仕事や家事や子育てに追われながら、それぞれがみずからの言葉を紡ぎ、手を動かし、少しずつ何かを変えようとしている。それは、後からふりかえれば同時代性と呼ばれるのかもしれない、捉えどころのない、でも確かに感じとられるある種の親密さであり、目に見えないかすかな連帯のようなものだ。水の流れが人為的な境界を越えていくように、別々の水源をもちながらも混じりあい、せめぎあう複数の流れの中から〈私たち〉の茫漠とした輪郭が立ちあらわれ、またすぐに見えなくなっていく。でもそのときの感覚は、小さな熾火のように残りつづける。そうした女性たちとのつながりを、そういえばこれまでにも多くの土地で感じたことがあった。

同時代に生きていることの不思議。偶然のように出会い、短い時間をともにする中でそうしたつながりを感じられるということは、とても不思議で幸運で、どこか励まされることだ。あのアフリカの地に、アジアの地に、ヨーロッパの地に、アメリカの地にいま、生きているはずの彼女たち。その面ざしを思うとき、ただ閉塞したばらばらの世界があるのではなく、確かにどこかで水路はつながっていると信じられるような、静かな光が胸の奥に満ちてくる。

Boddy, Janice 1989 *Wombs and Alien Spirits: Women, Men, and the Zār Cult in Northern Sudan*. Madison: The University of Wisconsin Press.

——— 1994 Spirit Possession Revisited: Beyond Instrumentality. *Annual Review of Anthropology* 23: 407-434.

Ortner, Sherry B. 2016 Dark Anthropology and Its Others: Theory since the Eighties. *HAU: Journal of Ethnographic Theory* 6 (1) : 47-73.

サブスタンスの分有

あるシンポジウムの休憩時間に、久しぶりに再会した人類学者の友人と立ち話をした。彼は長らくインドで調査をしてきたが、ここ数年はフランスに通って、原発に関する調査をしているらしい。彼の調査地であるラ・アーグの海辺には、使用済み核燃料の再処理工場と放射性廃棄物の埋設施設があり、おびただしい量の汚染水が海中に放出されているという。短い立ち話だけでその複雑な状況を十分に理解することはできなかったが、なかでも印象的だったのは、海の汚染に警鐘を鳴らす活動家の人たちが、休日にはその海に釣りに出かけ、獲れた魚を食べているというエピソードだった。

その話を聞いて思いだされたのは、石牟礼道子の描いた昭和三十年代初頭の水俣の人びとのことだ。水俣病が問題になりはじめた当時、この「奇病」について調べにきた記者や学者たちは、漁民たちが毎日、大量の魚を食べつづけていることに驚きの声をあげたという。

——おさしみを丼いっぱい！　へえ、それじゃ栄養は？

記者たちや自称社会学の教授たちはビックリする。〔……〕そして記事の中に〝貧困のドン底で主食がわりに毒魚をむさぼり食う漁民たち〟などという表現があらわれたりする。

（『苦海浄土』）

思いだしてみれば、これと似たような話をこれまでに何度か聞いたことがある。ベトナムで調査をしていた友人の人類学者は、枯葉剤の影響がいまなお残存するエリアで獲れた魚の内臓を、土地の人びとが食べていると言っていた。福島県で調査をしている別の知人は、原発事故の後、汚染地域となった自宅の裏山で採れた椎茸を収穫し、自分にも分けてくれたというおじいさんのことを語っていた。

なぜ食べるのか。汚染された海での釣りに誘われた友人が言うように、それは不思議なことに思われる。なぜ食べるのか。けれどもきっと、それは人びとの無知や無防備さのせいにすぎないのではない。おそらく彼らは、誰よりもよく知っている。何らかの毒が蓄積されているかもしれないと知りながら、その土地の作物を、海の産物を食べつづけるということは、何を意味しているのだろうか。

「サブスタンス＝コード（substance-code）」という人類学的な概念がある。一般にサブスタンスは物質、コードは規約や記号の体系を指すが、サブスタンス＝コードとは人びとがやりとりし、身体に摂り入れる「もの」と「のり（則、範）」とが不可分であることを意味する。ここでいうサブスタンスとは、土地や水や大気に含まれ、人の身体や気質を構成するとともに、人と人、人と場所の間をめぐりながれるすべてのものに含まれる精髄のようなものだ。ある土地の井戸から汲まれた一杯の水は、人と人の間を受け渡されることを通して、その土地のサブスタンスを運んでいく。ある土地に植えられた作物は、水や光とともにその土地のサブスタンスを吸収して育ち、収穫され、料理され、誰かの口に入り、その人自身を形成していく。人が手を触れ、身体に摂りこむものは、そうやってその人自身の生に影響を及ぼすために、きわめて大切でありながら危険なものでもある。サブスタンス＝コードという概念は、主にインドを対象とした人類学において論じられてきたが、それはインドの諸社会において、人と人、人と場所の間を流れめぐるさまざまなもののやりとりに、繊細な配慮と注意深い規範や様式がみられるからだ。
たとえば私が調査をしてきた南カナラ地域の農村では、神霊たちの棲むとされる野生の領域と、人間の領域とをつなぐサブスタンスの流通ともいえる儀礼が行われていた。その村では、苗代から本田に苗が植え替えられる日の前夜に、司祭役を務める男性が山の頂に登り、森に棲む水牛の神霊を呼びだす。その翌日、神霊の力を身に帯びた司祭は領主の所有する水牛を駆って、満々と水をたたえた水田の中に走りこむ。本田に設えられた魔除けのそばに苗を植えつけるのも、その田で育った初穂を刈りとるのも彼の役目だ。刈りとられた稲は、神霊の祭壇に捧げられた後、領主たちへ、そして村人たちへと分け与えられる。こうして神霊の領域から人間の領域へ、人間の領域からふたたび神霊の領域へと、豊饒な野生の力としてのサブスタンスはめぐり流れ、土地を肥やし、作物を育て、人の生命を形成しつづける。

野生の力をはらんだ初穂だけではなく、人にとっておよそあらゆるものの摂取には、常に危険が潜んでいる。だからこそ、そのやりとりには繊細な配慮や決まりが必要とされる。インドの諸社会で調査を行った幾人もの人類学者たちが、水や食物のやりとりに課される規範のあり方や、危険をはらんだ「贈りもの」がどのように人びとの間を受け渡されていくのかについて論じてきた。たとえば北インドで調査をしたグロリア・ラヘジャは、村落社会で力をもつ地主カーストからその他のいくつかの集団へと、罪や不吉さを帯びた「贈りもの」が儀礼的に受け渡されることで、贈り手と村全体の安寧が保たれていると論じている。

同じものを食べ、分け与え、共有することは、同じサブスタンスを身につけることだ。一方で、毒や災禍をはらんだものを他の集団に引き渡し、自分たちの領域から排除することは、贈り手と受け手の間に境界をつくりだすとともに、贈り手自身を受け手よりも優位に位置づけることを意味する。ある特性をもったサブスタンスを、誰とどのようにやりとりするのか。それを摂取するのか、あるいはしないのかといったことは、だから自分自身をどのように形づくるのか、自分はどこに属しているのかをそのつど確認し、問いなおすことであると同時に、〈私－たち〉の境界を遂行的につくりだすことでもある。

そのとき、ラヘジャの描いた「毒の贈りもの」のように、危険なサブスタンスを他者に転嫁するのではなく、毒をはらんでいるかもしれないものをみずからが摂取するという行為は、何を意味しているのだろうか。

飲食するものは自分をかたちづくるもの。その共有は、他者から分かたれる〈私－たち〉をつくりだすこと。だとすれば、裏山で採れた茸の共食にあずかることは、外来者として誇るべきことであるに違いない。その刹那、それを食べるか否かということは、でも些細な問題だ。

より困難な問題はおそらく、食べつづけるという選択をするかどうか――その土地に生き、そこで採れたものを食べ、人びととその場所の間をめぐるサブスタンスの循環に加わるという選択をするかどうかであるだろう。その循環の中に、すでに毒がはらまれていることを予期しながら、あえて直接的に、具体的に、その状況を生きるということ。

でもじつは、毒としてのサブスタンスはそこここに、あらゆる循環の細部にすでに潜んでいるのに違いない。ただ私たちは、それをたやすく見透したり、見渡したりすることができない。その毒があまりにも微小であり、不可視であるために。あるいはその循環のプロセスがあまりにも長大であり、複雑すぎるために。

「おさしみを丼いっぱいですか！」水俣の漁村でそう呆れた記者や学者たちも、すでにその身体の中に毒を摂りこみ、みずからの一部となしていたに違いないのだ。

ところで、人類学的なサブスタンスという概念は、生物学者の福岡伸一氏のいう「動的平衡」のイメージと重なりあう。彼がこのアイデアの原点とするルドルフ・シェーンハイマーの実験では、食物の原子に標識をつけてマウスに食べさせると、たちまちにして全身にその原子がゆきわたり、溶けこんでいく一方で、すでにマウスを形づくっていた原子が体の外に抜け出ていくことがわかったという。外部との交渉と物質の代謝をとおして、絶えず自己は形成され、再形成されつづけていく。そうした生物学的な発見は、摂取や接触を通した外部とのやりとりと自己の構成に高度に意識的であるインドの人びとのことを考えるとき、驚きよりもむしろ「やっぱり」という納得をもたらすものだ。

だが、自分が何によって形づくられているのか、どのようなやりとりを経て、どこから来たサブスタンスをいつのまに摂り入れているのか、私にはもうわからない。

一方で、汚染されているとされる土地や海で、自分の手で収穫したものを食べつづける人びとは、自分を形づくるものの由来を実践的に知っている。互いにやりとりし、分けあうことを通して〈私－たち〉を形づくり、生成しつづけてきたもの。そうしたものを簡単には捨て去れないという苦渋と切実さとが、おそらく彼らの生の根底にはある。それは、そうしたものでしかありえない自分の生のかたちをもって、その土地を、あるいは海を、体現することでもある。それはまた、サブスタンスの交換と絶えざる循環への参与を通して、その土地や海の一部にみずからがなりつづけるということでもあるだろう。人間の領域にとどまらない、〈私－たち〉の生の遂行。だからこそ、海の汚染を訴えることと、その海で獲れた魚を食べることは矛盾ではなく、一貫した実践でさえありうる。毒をはらんだ循環の中にみずからの身体をとどめ、そのことに自覚的でありながら、なおその中をめぐるサブスタンスからなる「人」でありつづけようとすること。それがどのような結末につながっていくのか、でも私にはわからない。
流れめぐりつづけるサブスタンスの循環の中で、絶えず形づくられていくものは人間だけではない。それは草木や動物でもあり、土壌でもあり、川や海でもある。土地や海や大気を構成し、そこに存在するものたちの間を流れめぐるサブスタンスからなる「人」として声をあげるとき、それは誰の声なのだろうか。それはすでに人間の声ではなく、同じサブスタンスを分有し、同じ毒をはらんだ無数の声なき〈人〉の――木々の、魚の、土地の、海そのものの――声であるのかもしれない。

石牟礼道子 二〇〇四『新装版 苦海浄土――わが水俣病』講談社文庫。
上杉健志 二〇一五「『枯葉剤症』の副作用と『バイオ市民性（biological citizenship）』の変容」『コンタクト・ゾーン』七号、二―三二頁。
内山田康 二〇一八「戸惑いと嘘19 ホロビオントの海①」『日々の新聞』第三七九号。
―― 二〇一九「戸惑いと嘘20 ホロビオントの海②」『日々の新聞』第三八〇号。
福岡伸一 二〇〇七『生物と無生物のあいだ』講談社現代新書。

Daniel, E. Valentine 1984 *Fluid Signs: Being a Person the Tamil Way*. Berkeley: University of California Press.

Raheja, Gloria Goodwin 1988 *The Poison in the Gift: Ritual, Prestation, and the Dominant Caste in a North Indian Village*. Chicago and London: The University of Chicago Press.

神話の樹

娘に絵本の読み聞かせをしていて、おや？　と思うときがある。たとえば、ふんわりした優しい絵で人気の絵本、『チリとチリリ』。双子の女の子、チリとチリリが自転車に乗って野原や町や海に出かけ、ちょっと不思議な出来事に出会う物語のシリーズだ。絵本の中で、チリとチリリはさまざまな人や動物と出会い、おいしそうな食事やお菓子をご馳走になる。そっくりな双子、チリの服についているボタンの色は赤。チリリの服のボタンの色は青。

かたや、言わずと知れたロングセラーの『ぐりとぐら』。双子のねずみの男の子、ぐりとぐらが森や野原や海に出かけて、冒険をくりひろげる。ぐりとぐらは、出かけた先でいろんな動物や人に出会うだけでなく、お客様が家に訪ねてくることもある。ふたりは友だちになった相手に、おいしそうなお菓子や食事をご馳走してあげる。そっくりな双子、ぐりの服は青、ぐらの服は赤。

このふたつのシリーズをあわせて読むと、互いによく似た構造をもちながら、いくつかの要素が反転していることに気がつく。ふたりきりで暮らしている双子が、居心地のよい家から異界ともいえる「外」に出かけ（あるいは異界からの客人を迎え）、冒険ののちにふたたび親密な日常に戻ってくる。これらの物語にみられる対称的な対照性は、次のようなものだ。双子の女の子たち／双子の男の子たち。赤と青のボタン／青と赤の服。人間／動物。客人として歓待され、ご馳走になる／客人をもてなし、ご馳走する。

これはひょっとして、あの、あれではないのか。

南北アメリカ先住民の膨大な神話を分析し、それぞれの神話が互いに相同的な構造をもちながら、物語に出てくる要素（神話素）がどのように変換されているのかを明らかにしたのはレヴィ＝ストロースだ。火の起源をめぐる神話、水の起源をめぐる神話。女の、栽培植物の、毒の起源をめぐる神話……。この著名な民族学者は、さまざまな地域に暮らす諸部族の神話間にみられる神話素の変換と、それにもかかわらず保たれている構造的な相同性の理由を、それぞれの社会の特徴や、地域から地域への伝播の過程といった事柄からのみ説明しようとするのではなく、この世界を意味あるものとして理解しようとする人びとの、野生の思考の普遍性に求めた。

レヴィ＝ストロースが相手にした広大な神話の領域に比べれば、近い時代に同じ言語で書かれた絵本によく似た構造がみられることは、あるいは当然のことかもしれない。それは、過去に読んだ本の意識されない影響の発露だったり、後進の作家による先達へのオマージュであったりもするだろう。でも、子どもに読み聞かせられる絵本というものが、神話や民話といった口頭伝承の系譜につながるお噺のひとつであるとしたら。だとすれば、絵本同士にみられる構造の相同性や要素の変換は、作家自身の記憶や作為といったものを超えて、それぞれの物語がその根っこを張りめぐらせている野生の思考の広大な領域から、おのずと現れてきたものなのかもしれない。レヴィ＝ストロースの言うように、「神話はそのヴァリアントの総体からなる」（『構造人類学』）のだとすれば。あるいは、「神話たちはお互いに考え合っている」（『生のものと火を通したもの』）のだとすれば。

こうした事柄をあらためて考えはじめたのは、日本文学を専門とする同僚の研究者、イリナ・ホルカさんの発表を聞いたからだ。この発表の中で彼女は、東日本大震災の後、以前に刊行された自身の作品を書き直して発表した幾人かの作家を取り上げている。たとえば、一九九三年に公刊された『神様』を下敷きにした、川上弘美の『神様2011』。二〇〇八年に発表された『聖家族』の続篇ともいえる、古川日出男の『馬たちよ、それでも光は無垢で』。興味深いことにどちらの物語にも、重要な要素として動物が登場する。『神様2011』では人語を話すくま、『馬たちよ……』では馬と牛、そして狗塚牛一郎という名の異形の人物。彼らはみな、野生と人間界のあいだを彷徨している。

ホルカさんによれば、こうした作家自身による過去の作品の書き直しや上書きの試みは、研究者によってさまざまに解釈されてきた。たとえば日本文学研究者のリンダ・フローレスは、ロラン・バルトのいう「作者の死」というアイデアに対して異議を投げかけるものとして、こうした試みを読み解こうとする。バルトは、物語の意味がそこにのみ帰されるような作者の権威を退け、非人称的な言語活動《ことば》そのものによって遂行される行為として、「書くこと」を捉えなおした。無数のエクリチュールとの関係性の中から生まれ、さまざまな引用や変換や変奏を伴いながら展開されていく物語の起源と行く末を作者個人に帰することはできないという意味で、それはレヴィ＝ストロースのいう神話と似ている。対して、フローレスはこう主張する。作家自身によって書き直された小説において、作者は「死ぬ」ことができない。なぜなら、そのテクストには「常にすでに、その中に刻み込まれた作者の痕跡が含まれている」からだ。

この分析に従うとすれば、みずからの作品を書き直すことを通して、書き手は自身の痕跡を辿りなおし、それによって結果的に「作者（author）」として生き延び、あるいは復活しているということになる。

でも本当に？　もしそうだとしたら、なぜ、よりによってあの震災の後に？

作家たちによって試みられていることは、むしろ逆なのではないかという気がする。それは直感にすぎないが、ひとつの手がかりになるのは『神様２０１１』のあとがきだ。川上は、次のように書いている。

やおよろずの神様を、矩《のり》を越えて人間が利用した時に、昔話ではいったいどういうことが起こるのか。

ここで示唆されているのは、この物語もまた昔噺であり、あるいは神話でさえあるのかもしれないということだ。『神様２０１１』の中では語り手とくまが、ともに震災後の世界を歩く。物語のいくつかの要素は、先に発表された物語の要素との対称性を保ちながら、異なるものへと変換されている。サングラスとシュノーケルから、サングラスと長手袋へ。食べられる干し魚から、食べられることのない干し魚へ。

一方の『馬たちよ、それでも光は無垢で』において、語り手は動物とも人間ともつかない狗山牛一郎とともに震災後の福島県を旅し、取り残されて飢えた馬たちと出会う。人の消えた世界に残された動物たち。人と動物のあいだを往き来し、土地と人と馬の長い長い歴史を物語る、媒介者としての牛一郎。家畜でありながら、トーテム祖先でもあるような馬たち。そして、始原の光でもあり終末の光でもあるような、まばゆく両義的な光のイメージ。

なぜ書き直すのか。というよりも、なぜ語りなおすのか。これらの物語は小説でありながら、おそらくある種のフォークロア、口承で伝えつづけられるような神話でもあろうとしている。だからこそ、それらはつぎつぎと変換され、変奏されながらも連続性を保ち、無数のヴァリエーションに枝分かれしながら成長しつづけていかなくてはならない。失われる前の世界、失われてしまったもの、変わってゆくものをその時々に取りこみながら。

> 神話の形式は、物語の内容に優先する〔……〕しかし別な意味では、周知のとおり、あらゆる神話は失われた時間の探究である。（『構造人類学』）

トーテム神話にあらわれる稗史的な歴史の力について論じる中でレヴィ＝ストロースは、オーストラリア先住民のトーテミスムを研究したストレーロウの文章を引用している。

この北アランダ族の男は、あらゆる繋がり方で出生地に結びついている。［……］そして今日、白人が——ときにはわざとでなしに——先祖の土地を汚したことを語るとき、彼の目には涙が浮かぶのである……。愛郷心、郷愁は、トーテム祖先を扱う神話にも絶えず出てくる。［……］その土地全体が彼にとっては、昔からあって今も生きている一つの家系図のようなものである。原住民はそれぞれ各自のトーテム祖先の歴史をつぎのように考える。それは、今日われわれの知っている世界を作り上げた全能の手がまだその世界を保持していた天地開闢の時代・生命の曙の時代に対する、原住民一人一人の自分自身の行動の関係なのである。(Strehlow 1947 in『野生の思考』)

生きている神話は、それが根を張っている野生の領域から養分を吸い上げながら、無数のヴァリエーションとして自在に分裂していく。過去の物語を語りなおすことを選んだ語り手たちは、唯一の「作者《オーサー》」でありつづけるために作品に刻まれた自身の痕跡を辿りなおしていたのでは、おそらくない。そうではなく、すでにみずからがその語り部となってしまった神話的世界が生きて成長し、変化していくとき、それでもなお誰かが語りつづけなくてはならず、だからこそもう一度、別な形で語りなおすしかなかったのではないか。神話であるかぎり、それはオーサーシップの下におかれながらもおのずから生成変化していく。そのとき、人は語り部としてその時々の異本を語り、あるいはいくつもの物語が通りすぎていく場所としてそれらを受けとめ、そしてみずからの身体を通過したものとして、それらを他者へと受け渡していくほかない。

だとすれば、自身の作品の続篇を生みだしたかのようにみえる語り手たちは、この世界と野生の思考との終わりのない対話と交感の中から生成し、みずからを変換しつづける神話たちにつきあって、永遠に語りつづけるしかなかったのかもしれない。『馬たちよ……』の最後に記された、その言葉のままに。

「ここで私のこの文章は終わり、はじまる。」

川上弘美 二〇一一『神様２０１１』講談社。
どいかや 二〇〇三『チリとチリリ』アリス館。
中川李枝子・大村百合子 一九六七『ぐりとぐら』福音館書店。
バルト、ロラン 一九七九『物語の構造分析』花輪光訳、みすず書房。
古川日出男 二〇一八『馬たちよ、それでも光は無垢で』新潮文庫。
ホルカ、イリナ 二〇一九「震災後文学の動物と死、そして書き直し——川上弘美、中森明夫、古川日出男の作品を中心に」京都大学人文科学研究所共同研究班「生と創造の探究——環世界の人文学」発表（二〇一九年一月二十八日）。
レヴィ＝ストロース、クロード 一九七二『構造人類学』荒川幾男ほか訳、みすず書房。
——一九七六『野生の思考』大橋保夫訳、みすず書房。
——一九九六『神話と意味』大橋保夫訳、みすず書房。
——二〇〇六『生のものと火を通したもの（神話論理Ｉ）』早水洋太郎訳、みすず書房。
Flores, Linda 2017 Matrices of Time, Space, and Text: Intertextuality and Trauma in Two 3.11 Narratives. *Japan Review* 31: 141-169.
Strehlow, T. G. H. 1947 *Aranda Traditions*. Melbourne: Melbourne University Press.

言霊たち

一九五九年九月、安保条約改定阻止国民会議第七次水俣市共闘会議。新日本窒素水俣工場と隣りあった小学校の校庭での大会の後、デモ隊がいままさに出発せんとする時に起こった出来事を、石牟礼道子は克明に記している。そのとき工場の方から、のぼり旗をゆらめかせて漁民たちの一群が近づいてきたのだった。彼らは、工場の正門あたりを行き来したが相手にされず、引き返す途中で安保デモに遭遇し、我知らず歩み寄ったのに違いなかった。舟の名を染め抜いた大漁旗を握りしめ、うつろで切なげな目つきをした漁民たちの姿を目にとめた安保デモの指揮者は、勢いづいたままの声で叫んだ。

皆さん、漁民のデモ隊が安保のデモに合流されます。このことは、盛りあがってきたわれわれの、統一行動の運動の成果であります。拍手をもって、皆さん拍手をもって、おむかえしましょう。

そのとき石牟礼は、安保デモの側から漁民たちを見つめていたのだった。盛大な拍手に羞らいと当惑をみせたまま、彼らはそのまま安保デモの中につつみこまれていった。ふたつの集団が出会ったそのとき、安保デモの指揮者は、自分たちこそが漁民のデモに合流するのだとは言わなかった。そのことへの違和感に、石牟礼は注意を払っている。なぜ、安保デモは漁民たちを取りこむことを当然視し、その逆を想像することができなかったのか。

安保デモの指揮者たちはおそらく、大規模な運動の先鋒にあって全体を統率し、理知的に闘争する主体として自分たちの姿を想像していたに違いない。対して漁民たちはそうではなかった。彼らが大漁旗を掲げて抗議に赴くのは、今まさに自分の生活世界そのものが瓦解し、親しい者たちが死の瀬戸際にあるからだ。それは、他にどうしようもない、捨て身の陳情と抵抗であっただろう。

そんな漁師たちの姿を思い浮かべるとき、南インドの村々で出会った農民たちの姿がそこに重なる。大規模な石油化学工場の建設によって、農民たちは土地を失い、立ち退きの危機に瀕していた。深い山野に抱かれた田園地帯に、突如として出現した巨大な工業プラント。周囲の山肌は赤黒く削られ、崩れた家屋や変色した椰子の木、依り代を失った空っぽの祠だけが、かつてそこで営まれていた暮らしの痕跡をとどめている。

それでも一部の村人たちは立ち退きを拒否し、開発区域に留まりつづけている。運動家の助けを借りながらも、彼らのふるまいは「環境運動」と名指されるものとは明らかに異なっていた。彼らがそこに留まるのは、自分の手で耕してきた農地、曽祖父が植えた椰子の木、神々の祠を擁する森がそこにあるからだ。すでに水田は土砂で埋まり、井戸は涸れ、祠は砂埃にまみれている。そんな中である年老いた農夫は、痩せさらばえた体を自分の畑に横たえつづけた。他にはどうしようもない、自分の脆い身体を賭した最後の抵抗の手段として。

石牟礼がその中にいた安保デモの主導者たちは、そうした一個の脆弱な肉体として、自分をただ差しだすことができなかった。闘う主体、みずからを際限なく強化していく主体としての自己をいったん捨てて、何か別のものになり変わることなしには、あの漁民たちの中に入っていくことはできなかっただろう。

脆さをはらんだ身体が、だからこそ生みだす連帯の可能性について、少なからぬ人びとが語りはじめている。「社会的身体（social body）」という概念を提起したテレンス・ターナーは、他の身体との関係性の中で形成され、変容していく身体とその連帯の可能性を論じている。ブライアン・ターナーもまた、脆さや可傷性をもつ身体が、それゆえに世界とのつながりに開かれていることを指摘している。傷つきやすく、脆弱であるからこそ世界に開かれ、他者にさらされ、その応答を導きだす。そうした身体のあり方は、自己を強化していく自律的主体という近代のドグマを疑う契機ともなる。タラル・アサドは次のように言う。

人間の身体が、概ね自らにも捉えられない変化する生の中にあること〔……〕感情が、行為の所有者の記述を矛盾をはらむものにすること、身体と精神が、年齢と慢性的疾患とともに衰えること——すべてこうした理由のゆえに、私たちは、あらゆる行為を明瞭な意図をもつ有能なエージェントの行為と決めてかかってはいけないのである。

呼応するように、ジュディス・バトラーはこう問いかける。

政治的エージェンシーの前提条件として自律した主体を重視することは、私たちをもっと根底のところで結び付けている依存の様態――私たちの思考と友愛を、私たちの傷つきやすさと親密さと集団的抵抗の源となる、この依存の様態――を消去してしまうことにならないだろうか？

他者たちへと開かれた自身の傷。いままさに痛みを感じていること、誰かの痛みに感応せずにはいられないこと。それを恐れずに差しだすことの先に、新たなつながりの可能性があるのかもしれない。

二〇一五年九月、安全保障関連法成立前夜。

その夏に起きたさまざまな出来事は確かに運動としての形をとりながら、政治運動というにとどまらない位相を幾重にもはらんでいるようにみえた。洗練され、軽妙でさえある運動の底にほの見える昏さと重み。無言のまま、大漁旗を掲げていたあの漁民たちの声なき声が、その身体のきしみや震えに込められていたものが転調され変奏されて、いま生きている人の声として響いているような。感応しあう身体の震えが、切れ切れの言葉となって伝播していくような。

数々の、静かな力に満ちた詩のような言葉が生まれた。それらは、ある肉体をもった存在の証言であり、痛みの吐露であり、呼びかけであり、応答であり……たぶん祈りのようなものでもあった。それはでも、新しいことだったろうか。シンプルに投げかけられる、痛みをもった魂のような言葉。

Tareno kodomomo korosasenai （*Kimi sinitamou kotonakare*） *Tareno kodomomo korosasenai* （*Kimi sinitamou kotonakare*） *Tareno kodomomo......*

自己が他者になりかわる、憑依の最初の徴候は震えである。みずからのコントロールを超えて震動する身体は、何ものかに感応している。身近な他者の苦痛に、あるいは遠い過去に生きていた誰かの痛みに。自律した主体としての自己を離れて、震えに圧倒された身体になる。震えは共振し、伝播していく——あなたの身体から私の身体へ、私の身体から誰かの身体へ。それは詩のような言葉を通してはじめて伝えられる震えであり、痛みであったかもしれない。

言霊に満ちた身体をもって、あの磯の水に、あの畑の土に、隣にいる誰かにふれてみる。そのとき、この私さえもあの漁民たちの、農民たちの、ことばもなく斃れていった人たちの痛みに、ほんの少しだけ近づき得るのかもしれない。

アサド、タラル 二〇〇六『世俗の形成――キリスト教、イスラム、近代』中村圭志訳、みすず書房。

石牟礼道子 二〇〇四『新装版 苦海浄土――わが水俣病』講談社文庫。

バトラー、ジュディス 二〇〇七『生のあやうさ――追悼と暴力の政治学』本橋哲也訳、以文社。

Turner, Bryan S. 2008 *The Body and Society: Explorations in Social Theory*. 3rd edition. London: Sage.

Turner, Terence 1994 Bodies and Anti-Bodies: Flesh and Fetish in Contemporary Social Theory. In *Embodiment and Experience: The Existential Ground of Culture and Self*. Thomas J. Csordas (ed.), pp. 27-47. Cambridge: Cambridge University Press.

―― 1995 Social Body and Embodied Subject: Bodiliness, Subjectivity, and Sociality among the Kayapo. *Cultural Anthropology* 10 (2) : 143-170.

あとがき

ふだんは日記などつけないが、フィールドワークをしているあいだはほとんど毎日、フィールドノートと日記の両方をつけている。調査にはいつも深緑色の小さな手帖を携えてゆき、インタビューの内容や儀礼の手順、草花の名前など、ありとあらゆることをそのつど書きこむ。日記のほうはたいてい、まだ誰も起きだしていない早朝に書く。こちらも一応、記録であるにはあるけれど、前日に起きたささやかな出来事やふとした会話、出会った光景の素描などの感覚的なことがらが中心になる。

人類学の論文や民族誌を書いているとき、その底に流れているのは日記に書きとめてきたようなイメージや感覚なのだけれど、それらがおもてにあらわれることは滅多にない。そうしたささやかなことどもは確かに私が書きとめたものでありながら、誰のものともいえない渾然としたものとして、ひっそりと奥底にしまわれ、息を潜めている。

だからいま、この小さな本を編むことができて、とても嬉しい。それはこれまで隅っこに隠れていたことばたち、思考やイメージのかけらを呼びあつめてもう一度、それらに息を吹きこむような作業だった。忘れていた景色や、光や、空気の匂いを思いだすような。

この本をつくることを提案してくれ、どこへゆくとも知れない人類学的な散歩の最初の同行者になってくださった青土社の足立朋也さんに、心から感謝したい。洛北出版の竹中尚史さんは、生まれたてのことばたちに美しい装幀をほどこしてくださった。めぐりながれる世界を旅する少女を描いてくれた銅版画家のイシイアツコさん、どうもありがとう。そして、それぞれのことばや声や面影でもって、この本に息吹をあたえてくれた友人たち、同僚たち、家族、そしてフィールドの友たちに、心から感謝します。

二〇一九年　初夏

石井美保

石井美保（いしい・みほ）

1973年、大阪府生まれ。文化人類学者。北海道大学文学部卒業、京都大学大学院人間・環境学研究科博士後期課程修了。宗教実践や環境運動をテーマにタンザニア、ガーナ、インドで調査を行う。現在、京都大学人文科学研究所准教授。主な著書に『精霊たちのフロンティア』（世界思想社、2007年）、『環世界の人類学』（京都大学学術出版会、2017年）、『遠い声をさがして』（岩波書店、2022年）、『たまふりの人類学』（青土社、2022年）などがある。第14回日本学術振興会賞受賞（2017年）、第10回京都大学たちばな賞受賞（2018年）。

めぐりながれるものの人類学《じんるいがく》

2019年6月25日　第1刷発行
2023年2月15日　第2刷発行

著　者　石井美保《いしいみほ》

発行者　清水一人
発行所　青土社
〒101-0051　東京都千代田区神田神保町1-29　市瀬ビル
電話　03-3291-9831（編集部）　03-3294-7829（営業部）
振替　00190-7-192955

印　刷　双文社印刷
製　本　双文社印刷

装　幀　竹中尚史
装　画　イシイアツコ（銅版画 'Where is home?'）

ISBN978-4-7917-7174-5